CCTV17
农业农村

我和
我的乡村

Wo he
Wo de
Xiangcun

中央广播电视总台农业农村节目中心　编著

山西出版传媒集团
山西教育出版社

序
··

## 让振兴之花在希望的田野上绽放

我国自古以农立国，农业是国民经济的基础，关系到全社会的稳定运行，"三农"问题是关系国计民生的根本性问题。党的二十大报告提出"加快构建新发展格局，着力推动高质量发展"。全面推进乡村振兴，为农业农村现代化指明了具体发展路径，也为我国全面建设社会主义现代化国家注入了强劲动力。

习近平总书记指出："推动乡村全面振兴，关键靠人。要建设一支政治过硬、本领过硬、作风过硬的乡村振兴干部队伍，吸引包括致富带头人、返乡创业大学生、退役军人等在内的各类人才在乡村振兴中建功立业。"中央广播电视总台农业农村节目中心于2022年推出《乡村振兴群英汇》特别节目，将目光聚焦于那些把青春奉献在乡村热土上的奋斗者们，聚焦于各地在乡村振兴中的新成果、新作为，讲述为乡村振兴做出突出贡献的典型人物故事，生动呈现新时代农业、农村发展的巨大成就，展现"三农"崭新风貌，展望乡村振兴未来的美好图景。

节目汇聚了30位乡村振兴优秀代表，其中有9位获得了共青团中央、农业农村部授予的"乡村振兴青年先锋"称号。他们之中有为乡村带来新业态的新农人，有用科技助力乡村发展的科学家，各行各业的乡村服务者，还有夯实乡村治理、一心为民的管理者。他们扎根乡村，让田野开遍青春之花；他们勇于开拓，用创新探索乡村的更多可能；他们砥砺奋进，接棒父辈火热的梦想；他们有理想、有本领、有担当，在乡村振兴的广阔天地中书写着各自的精彩。他们是乡村振兴战略的一个缩影，也是乡村振兴实施过程中的中坚力量和宝贵财富。通过他们的故事，人们可以感受到乡村人民的无限智慧和奋斗精神，使乡村振兴的实施更加鲜活有力。

为了更好地践行习近平总书记关于美丽乡村建设的指导思想，总台农业农村节目中心和山西教育出版社一同努力，将电视节目转化为图书形式，丰富了乡村振兴战略实施成果的宣传渠道，为乡村振兴成果的普及贡献一份力量。《我和我的乡村》一书即由该节目改编而成。该书以讲故事的方式为广大人民群众讲述乡村振兴中的"那些人、那些事"，语言生动亲切，事迹真实感人，图文并茂，为群众所喜闻乐见。书中涵盖了医疗、旅游、教育、环保、文化传承、粮食安全、基层治理等多个领域的乡村振兴代表人物，展示了不同行业在乡村振兴中的探索和突破，呈现了乡村发展的全景图。

我相信，该书的出版能够更好地宣传和普及乡村振兴发展理念，助力乡村振兴优秀成果的传播和创新，激励更多年轻人投身乡村事业，共同推动乡村振兴战略的全面实施，让振兴之花在希望的田野上绽放！

黄传芳

中央广播电视总台

# 目录

## 新农人带来乡村新业态

## 科学助力乡村新发展

新农人带来

# 乡村新业态

xiangcun
XIN
UX
YE TAI

## 人物档案

姓　　名：郎恩鸽

出生年份：1989 年

职　　业：延庆海坨农民滑雪队队长

工作地点：北京市延庆区

荣　　誉：2019 年获"2018 北京榜样"年榜人物，北京"五四青年奖
　　　　　章"获得者，参与 2022 年北京冬奥会火炬传递等。

*"有梦想的人，全世界都会为你让路。"*

# 带领农民滑雪队实现冰雪梦

北京冬奥会的顺利举办，让中国体育的光芒在世界舞台上再次闪耀，也让全国越来越多的百姓参与到冰雪运动中来，在体验和竞技中不断突破自我。在"双奥之城"里，有许多青年从冬奥申办成功起，就为了能够服务于这场盛会、服务于广大群众而做足了准备，郎恩鸽就是其中的一员。

## ✦ 职业转型，组队投身冰雪训练

北京延庆的某滑雪场内，郎恩鸽正在进行着滑雪培训工作。他并不是一名专业的滑雪运动员，而是延庆区一支农民滑雪队的负责人。2022年北京冬奥会即将到来，这几天，郎恩鸽正忙着带领队员们给冬奥城市志愿者进行滑雪指导工作，这是海坨农民滑雪队受当地政府的委托，做的一项志愿服务。

"每一个人教学的方式是不同的，咱们要有一套教学体系，统一一下……"此时郎恩鸽正把参与滑雪指导工作的队员们召集在一起，强调着一些培训事项。队员们穿着橙红色的队服，在这片皑皑的雪场上分外显眼。

这支海坨农民滑雪队现在共有 100 多名队员，他们全部来自延庆区的各个村庄，都是土生土长的当地农民。在这支队伍组建起来以前，大家都从事着不同的职业：有种苹果的、有开出租车的、有卖二手车的，还有做婚庆工作的。在郎恩鸽的不懈努力下，这些怀揣同一梦想的人们凝聚在了一起。

作为农民滑雪队队长的郎恩鸽，在成立滑雪队之前，还只是一个手执羊鞭的"羊倌"，而正是冬奥会改变了他的命运。2015 年 7 月 31 日，北京携手张家口获得 2022 年冬奥会的举办权，郎恩鸽的家乡北京市延庆区张山营镇成为此次冬奥会高山滑雪等项目的举办地。郎恩鸽从小在家门口抬头就能看到的海坨山，即将成为奥运会的赛场。

在那之前，郎恩鸽以养羊为生，他每天早出晚归，为家里散养的 300 多只羊忙前忙后，那是全家最主要的收入来源。早上 9 点出门，直到晚上太阳快落山才回来，这是当时郎恩鸽每天放羊的状态，给羊看病、打针、喂药、接生，这些事情也都成了他的日常。几年的时间里，在精心的饲养照料下，郎恩鸽家里养殖的羊越来越多。

原本郎恩鸽的心里盘算着，趁着冬奥会的热潮可以多卖些羊，多赚点钱。但是突然有一天，镇里的领导找他谈话，因为整治环境，他必须要转型。几番思量之后，郎恩鸽艰难地做出了一个决定——把羊全部卖掉。尽管有万般的不舍，但为了顾全家乡环境保护的大局，他还是毅然放下了这个事业。让他欣慰的是，羊群被拉走以后，并没有直接送去屠宰场，而是送到了草原上放养。

收起羊鞭的郎恩鸽，想做一些更有意义的事儿。看着家门口的海坨山一天天在改变样貌，他萌生了一个大胆的想法。对于冬奥会，郎恩鸽忽然想到了一个问题：是否能有一支队伍将来参与到服务冬奥会的工作当中，为冬奥做贡献？山里长大的孩子，对大山和白雪有着特殊的感情，郎恩鸽小时候经常跟小伙伴一起，在冬天的雪地里摸爬滚打。他把自己的想法和村里儿时的伙伴们一商议，没想到大家一拍即合。

经过半年多的筹备，2017年7月17日，海坨农民滑雪队正式成立了，"羊倌"郎恩鸽被推举为队长。他凭借多年的滑雪经验，开始带领队员们展开训练。海坨农民滑雪队首批队员有18名，全部来自当地小镇张山营，他们平均年龄不到30岁，大多数人都有10年以上的雪龄。和郎恩鸽一样，大家都希望能够为在家乡举办的

延庆海坨农民滑雪队合影

2022年冬奥会出一份力。郎恩鸽的邻居兼队友李伟说："在加入这个团队的过程中，大家在思想上也有了提升，那就是要为冬奥做贡献，冬奥梦、海坨情，有冰雪、梦不停。"

对冬奥会的无限憧憬，让这支队伍成功组建起来。但是，很快大家就遇到了第一个难题。郎恩鸽算了一笔账，要配备专业的滑雪设备，是一笔不小的投入，这让他一时犯了难。面对这个棘手的问题，郎恩鸽想到大家对自己的极大支持，觉得不能辜负了这份信任，于是积极寻找解决途径。最终在郎恩鸽的争取之下，农民滑雪队得到了当地人力资源和社会保障局的帮助。

依靠政府的支持，队伍逐渐步入了正轨。然而郎恩鸽很快发现，解决滑雪装备只是迈出了很小的一步，面对这支滑雪技术参差不齐的业余队伍，又该如何带领大家实现技能水平的突破？于是郎恩鸽为队伍请来了专业的教练，每天晚上从6点培训到9点，一些队员训练结束后回到家已经10点多了。有时早晨带来当作早饭的包子、煎饼，吃一半或剩一点放在那里，等到中午甚至是晚上的时候，大家再一起分享这些已经冰凉的食物。尽管如此，在梦想的驱动和团队的协作之下，队伍里的每个人都感到非常开心和充实。

### ✦ 未雨绸缪，探寻团队发展规划

冬奥会是一个良好的契机，农民滑雪队的每一位队员都在借助冬奥会为自己赢得更好的提升空间。然而事情的发展远远超出郎恩鸽的想象。从"羊倌"转型为滑雪队队长的他，还有很多工作需要去适应。

海坨农民滑雪队没有固定的收入来源。郎恩鸽深知，大家都有家、都需要生活，最难的其实就是收入问题。只有在每年的雪季，滑雪队为一些社区的滑雪爱好者进行培训，会得到一笔数目并不多的服务补贴，来勉强维持队内工具的维护和训练的开销。即便当地一家商业滑雪场已经免除了队员的训练经费，郎恩鸽的财政压力也没有减轻。但他从未考虑过要放弃这支队伍，作为队长，他思考着如何在后冬奥时期，实现队伍的转型就业。

为了将这支农民滑雪队锻炼成一支技术过硬的专业滑雪团队，从而融入北京冬奥会的服务中，他们决心按照专业队的要求展开训练计划。队员们开始深入学习关于高山滑雪项目的知识，学习修理滑雪板，同时在延庆区体育局的帮助下跟随教练进行系统的训练。

各有关部门都十分关心这支队伍的发展状况。为了给队员们寻求职业出路，延庆区人社局请来了专业的教练对队员们进行培训，从而让他们能够考取滑雪指导员证书。这个证书在雪场上相当于"教师资格证"，对于队员们未来的个人发展规划影响重大。然而考取证书却并不简单，除了滑雪技能要求外，还要考查理论、口语表达等内容。经过一段时间的刻苦学习，最终有11名队员顺利通过了培训考核，获得了职业滑雪指导员证书。郎恩鸽和他的队友们，具备了专业滑雪教练员的资格。

为了维持队伍训练，郎恩鸽还找了一份兼职工作，担任张山营镇网格员。这是一份稳定的工作，也是郎恩鸽主要的收入来源。平日里，郎恩鸽会在村落之间走访巡查，发现任何细小的问题都不怠慢。斑驳的石墙，老旧的房屋，郎恩鸽走在村子中，关切着乡亲们的生活点滴。他明白，尽管网格员的工作比较杂、比较多，但是冬奥会临近，必须尽可能确保职责范围内的区域不出现偏差，这也是为家乡百姓的安全和幸福做的一点努力。

拿到职业滑雪指导员证书以后，郎恩鸽带领的农民滑雪队有了更高的目标，那就是让更多人参与到冰雪运动中来。在当地政府的支持下，他们免费为志愿者以及青年农民进行滑雪培训。很多人是在认识了这支农民滑雪队后，才开始深入了解北京冬奥会的冰雪项目，越来越多的农民转型从事冰雪相关事业，致力为家乡、为全国3亿多冰雪运动参与者做出贡献。

海坨农民滑雪队率先在当地大力推广普及滑雪运动，郎恩鸽带领队员们先后走进张山营镇的3所学校，为中小学生义务讲授滑雪基础知识。从细节开始，从一根雪杖的持握方法讲起，在滑雪队队员的悉心指导下，这些孩子掌握了滑雪基本要领，学习了运动安全知识，并逐渐爱上了滑雪项目、爱上了体育运动。

这支队伍共指导青年滑雪12000人次，几乎所有的周末和节假日都在做义务培训，郎恩鸽就这样带领着海坨农民滑雪队为推广冰雪运动而努力着。在此过程中，他们的故事被媒体带到了全国各地，各种各样的荣誉也随之而来。"延庆榜样"、"北京榜样"、2022年北京冬奥会冬残奥会宣传大使、北京五四青年奖章……面对家中几乎摆满一面墙的证书和奖章，郎恩鸽平静地说："拿了这些证书，

郎恩鸽教授学生滑雪技巧

你得发挥它的作用，要利用自己的这个身份，带好队伍、谋求发展，把榜样的力量真正地发挥出来。"

## ✦ 家人支持，终圆冬奥火炬手梦

为家乡冰雪运动做出了重大贡献，郎恩鸽也被推荐为冬奥会火炬手。当区里的领导亲自把这个好消息带回来时，郎恩鸽有些不好意思地说道："这好事都让我来了。"领导给了他坚定的信心："当然得你来！"此时的他每天都非常忙碌，除了滑雪训练，还要参加各种各样的公益活动，宣传和推广即将到来的北京冬奥会。随之而来的，是他回家的时间越来越晚，能够陪伴家人和孩子的时间越来越少。

其实，郎恩鸽的母亲一开始并不同意他搞滑雪事业，因为心疼儿子，担心他受伤，也担心他受累。她说："以前好歹还有自己的时间，现在是一点时间也没有了，家里什么大小事儿都指望不上他。也不挣钱，然后还这么付出，有时候有私心说让他别弄了，可是他喜欢啊。"后来母亲实在拗不过儿子的执着与坚持，也感受到他对于滑雪事业发自内心的热爱，只好选择默默地支持着他。

晚饭时间，热腾腾的家常菜散发着属于家的温度。一家人围坐在饭桌前，郎恩鸽的妻子关切地问："火炬手是不是还差什么手续？"郎恩鸽回答说："现在上面领导正在审批。希望吧，希望能当一名合格的火炬手。"冬奥火炬手，现在成了郎恩鸽一家人翘首以盼的头等大事。

郎恩鸽和妻子就是通过滑雪认识的，对于郎恩鸽成立农民滑雪队，一直以来妻子都是无条件支持，这也成了他最大的动力。由于郎恩鸽常年在外忙碌抽不开身，妻子在怀孕第一胎和第二胎的时候，做产检基本都是自己去。对于妻子多年来的理解与支持，郎恩鸽心里是满满的感激。他说："这么多年非常感谢妻子，她付出这么多也没有抱怨什么。养羊时就特别支持我，从来没有说过嫌脏嫌累，现在又帮助我完成这么大的事情，成就了今天的我。"

每天回到家，陪伴孩子们玩耍是郎恩鸽最开心的时刻。"爸爸你怎么了？你怎么不开心呀？""爸爸不舒服了。""我去给爸爸拿一瓶药！""我去给爸爸插一个吸管！"尽管忙碌了一整天，但郎恩鸽看到家中两个小家伙活泼的身影，浑身的疲惫便一扫而光。现在两个孩子都已经五六岁了，郎恩鸽因为忙着教别人滑雪，都没太多时间教自己的孩子。为了事业与梦想，郎恩鸽并没有充足的时间陪伴孩子们成长，他心里埋藏着对孩子们的亏欠。

这一天，趁着儿子放假的时间，郎恩鸽带他来到了滑雪场，体验这份难得的亲子时光。看着孩子一天天长大，曾经准备的滑雪靴现在已经快穿不上了，郎恩鸽暗自下决心，今后要抽出更多的时间陪伴孩子。"膝盖往下顶，再往下顶……两个板不能打架，刹车之后往回收……"郎恩鸽耐心地指导着儿子进行滑雪练习，满眼是父亲的温柔和宠爱。有了父亲专业的指导，儿子的进步非常大。

郎恩鸽憧憬着越来越多的人能够爱上冰雪运动，他曾说："希望将来滑雪可以达到像踢足球、打乒乓球、打篮球那样的普及度，成为一个很普通的、人人都会参与的运动项目。"

2022年2月3日，郎恩鸽的梦想得以实现，他成了一名光荣的北京冬奥会火炬手。从业余到专业，再到转型就业，郎恩鸽带领他的农民滑雪队不仅成为专业的滑雪教练，在家门口服务冬奥会的愿望也得以实现。他们活跃在各个场所，默默奉献的身影无处不在。因为冬奥会，人们燃起了对冰雪的热情。对于未来，郎恩鸽满怀期待，他说："你见过一家子都来滑雪的吗？从爷爷到奶奶再到孩子，我们这里就有。当你有了一个想法，就要去实际行动，有句话说得好，有梦想的人，全世界都会为你让路。"

扫码观看纪录片

## 人物档案

姓　　名：沈燕芬

出生年份：1991 年

职　　业：广州增城星级农机专业合作社联合社理事长、农机手

工作地点：广东省广州市增城区丝苗米现代农业产业园

荣　　誉：获广东省农业农村厅农机使用一线"土专家"称号，被授予广东省青年五四奖章，荣获广州市"最美科技工作者"称号。

"对我来说，新农人是一种身份，但更意味着一份责任。我特别希望现在的年轻人回来，真正地把父辈的农业梦想传承下去，做大做强，发光发热。"

# 深耕乡土、逐梦田园的新农人

"90后"青年沈燕芬从小跟着父亲在田间忙活，在耳濡目染的劳作中，她的心里萌生出一粒"种子"。后来，她放弃在广东深圳的白领工作，加入务农"沈家军"，带领弟妹团结一心玩转现代农机。

## ✦ 一个特殊的团队

在广东省广州市增城区丝苗米现代农业产业园里有一支特殊的农机小分队，人称"沈家农机队"。核心成员有5个人，仔细一瞧，这5个人长得还挺像！原来，他们都是亲兄妹。

沈家农机队由沈家五姐弟的父亲沈灿星一手创建。老沈现在退居二线，把农机队主要的管理工作交给了老大沈燕芬负责，老二、老三打配合，老四、老五主要负责技术工作。

沈家五姐弟是"农机二代"，都是跨界回来的，他们所学专业各不相同，各有所长。

老大沈燕芬早年在深圳打工，在父亲的引导下，于2020年放弃深圳的工作，返乡成为新农人。现在是沈家农机队的队长，管理经营、后勤保障一起抓。

沈笑芬和沈智豪使用无人机施肥

老二沈桂芬精通会计，负责管钱、管人、管平台。

老三沈智威是五姐弟中第一个回乡跟着父亲创业的，现在负责合作社的业务、财务工作。

老四沈笑芬是广州增城首位持证上岗的女农机手，拖拉机、插秧机、收割机、无人机样样行。

老五沈智豪擅长无人机技术，大学毕业后回乡，负责无人机的驾驶、培训和维护。

## ✦ 老沈的召唤

早在2009年，沈灿星就创办了石乡农机专业合作社。随着农业产业化的加速，经过几年的发展，合作社很快从原本只有几台机器的小合作社发展成为增城区最大的农机专业合作社。面对日益增长的订单量，老沈暗自在心里打起了算盘。

那时候，他的5个子女都在大城市里打工或上学，他想把他们叫回来，一起把合作社做大做强，助力乡村振兴。

老沈把这个想法给五姐弟一一说明后，遭到他们的一致反对。

当时，他们想在外面寻找自己想要的生活，都不愿意回村里。

老沈想那就先从老大沈燕芬入手，先说服她回村。如果老大回来了，有了示范，其他兄妹就好说了。可是老大立马反驳父亲说："让我回去可以，你能付得起我的工资吗？"当时，老大从心里就没有回农村发展的打算，任父亲怎么劝说也不为所动。本想让老大起带头作用，不料却吃了闭门羹，于是老沈又打起了其他孩子的主意。

老沈是文盲，开拖拉机、收割机等一点问题都没有，但是对于财务记账、了解农业政策和资讯等工作却是一窍不通，一提到这些工作时他的头都大了。他急需年轻人来配合工作。

老沈把眼睛瞄向了老三沈智威。那时候，沈智威刚出去工作没多久。刚开始劝他的时候，他也是不愿意回来的。在农村劳动，常年风吹日晒，这样的生活太辛苦。但后来，沈智威反复考虑，其他兄妹都在外面工作，只剩父母亲在家，很多事情他们又不会干，而自己是家里的长子，有责任、有义务守在父母的身边，替他们分担一些农村劳动，打理一些合作社工作。于是，沈智威第一个响应了父亲，回到村里，成为沈家农机队的得力骨干。

老大沈燕芬虽然自己不愿意回村，但听说老三回村的消息后，她觉得弟弟很有担当，感到十分欣慰。

老三的回乡给合作社注入了年轻的血液。但随着合作社的不断发展，又有很多新的问题凸显出来，比如缺乏综合管理能力，无法紧密结合政策把握发展方向，缺乏对新老农机的信息管理等。越来越多的工作需要更多的年轻人一起来分担。

到底要不要回村帮助父亲？这个问题成了摆在其他兄妹面前的巨大难题。

老二沈桂芬最先对这个问题做出回答。当时，老沈并没有叫老二回来，但老二时刻关注着父亲的工作，深知父亲的难处。她也在思考着是否该回去助父亲一臂之力，但一直下不了决心。直到有一天，她突然接到大姐的电话："咱爸被车撞了，人没事。"万幸人没事，但老二害怕以后老沈再出什么事，于是她毅然决然辞去工作，回到父亲身边。她说："我一定要回来帮父亲分担一点，哪怕是一点，我也愿意。"

老四沈笑芬和老五沈智豪是龙凤胎，他们刚毕业没多久就回来了。人们都说，他们俩继承了老沈的衣钵，继承了老沈的农民本色。当然，这两个人回乡的动机又有不同的一面。

老四认为在外面帮别人打工，还不如帮家里。尤其是有一次她听说母亲病倒了，而忙碌的父亲一直没有时间陪她去看医生，心里不禁感到心酸。于是她下决心回到家里，好好陪在父母亲身边。

老五则是为了满足父亲的一个愿望。老沈曾经时不时地对老五说："飞无人机多好啊！飞无人机人不累啊！"话语里满是对无人机的羡慕和期盼之情。于是老五下决心把无人机技术带回家乡，用高科技来助力父亲的农机产业。

经过老沈的一番游说，四个孩子都陆续回到了他的身边，就剩下老大沈燕芬了。有一天，老大接到父亲的电话："我想做一个大项目，有难度，你帮我出出主意。"老大明白，虽然几个弟弟妹妹都回去了，但他们没有做过任何项目，没有相关工作经验，所以没办法承接这个项目。

沈燕芬听得出来，父亲的话语里满含着让她把这个项目做起来的期待。2020年2月，沈燕芬正式辞去深圳的工作，返回家乡广州增城石滩镇，接过父亲手中的农机合作社，开始逐梦乡土。

大姐沈燕芬

最终，在老沈的召唤下，沈家五姐弟都回家了。

### ✦ 被遗忘的订单

沈家农机队的日常工作非常繁重，需要5个人积极配合才能顺利完成订单任务。任何一个环节掉链子，都可能造成严重的后果。

目前，合作社的业务范围基本覆盖田间生产全程机械一体化作业需求。沈燕芬需要把家里几十台收割机按照订单任务分配好。可百密未免一疏，这不，今年的晚稻收割季尤为繁忙，她把中新镇永兴村的一笔订单忘得一干二净了。

早在几周前，永兴村的森哥给沈燕芬打电话，预约了收割的大概时间，但具体日期尚无法确定。而沈燕芬则先将已经确定日期的用户进行了排单，永兴村的这个订单便一时未列在日程表上，时间一长，她便把这个订单给忘了。

这天一大早，沈燕芬突然接到永兴村森哥的电话："明天收割稻子。"沈燕芬脑子"嗡"地一下，才想起还有这个订单。尽管一时有点懵，但她还是肯定地回复对方："好的，明天过去。"

这段时间，合作社的所有人手和机具全部调配出去了，任务全都排得满满的，而永兴村的收割任务又很紧张。就因为自己的小小疏忽，有序的订单统筹工作就出了问题，沈燕芬十分懊恼。这该怎么办？

出了问题就得想解决方案，老大立刻叫来老二、老三商量对策。

"石湖可以调一台出来。"老三说。

"一台不够，哪儿还能抽出来？"老大说。

"朱村那边可能还有一台。"老三说。

"还得考虑那边是梯田，高低不平，每一次运粮卸粮都要耽误很多时间。"老大想得很周全。

永兴村这单任务有些棘手，一方面是因为时间紧任务重，另一方面是因为这块田地势凹凸不平，收割难度也大大增加。沈燕芬心里没了底，她想这一次必须请技术顾问——老沈出山帮忙了，哪怕只是指点一二，也能让她心里踏实些。于是，沈燕芬特意请老沈一起去勘查田地情况。

她和老沈约好田主一起来到地里考察。根据现场情况，沈燕芬确定10点准时开镰。她是这样考虑的，如果开镰时间太早，雾水比较重，会影响稻谷质量。

"10点钟开镰，一天能割完吗?"田主有点担心。

"可以，我们加班加点把它割完，会稍晚一点。"沈燕芬说。

永兴村的这块田地总共95亩，按说面积不算大，正常来讲，一台收割机一天时间完成收割任务绰绰有余。可这块田偏偏是高低不平的梯田，收割过程耽误时间不说，收割机在土地凹凸不平处极易发生陷机的情况。此外，田主还特意嘱咐收割的时候慢一些，避免漏谷。要想保质保量完成收割任务，可真是难上加难。面对"难啃的骨头"，沈燕芬满面愁容。她盘算着明天一早得提前去准备，牢牢盯住各环节，保证紧密衔接，千万不能再出什么岔子。

然而，不想出岔子，偏偏出岔子。千算万算，沈燕芬怎么也没想到，平常最靠谱的父亲居然在关键时刻掉了链子。

沈燕芬和父亲约好，让他在第二天上午9点以前就把收割机开到永兴村田头，调试好性能，待命开镰。可第二天上午已经过了9点，也始终不见收割机的影子，她左等右等、左顾右盼，连打几次电话，父亲也不接，不禁焦急万分。直到将近10点，才看见父亲开着收割机"突突突"地从远处驶过来。

"老爸，你今天怎么来这么晚啊? 全世界都在等你啊!"沈燕芬生气地说。"我去开收割机的时候打不着火，修了半个小时才修好……"老沈解释道。

老大后来在回想自己和父亲的这次冲突时说:"我开始打过几次电话给父亲，但他都没有接，我最担心的是他是不是出了车祸，心里十分焦急。后来才知道只是因为机器故障的原因，所以当时我就有点恼火。"

沈燕芬在合作社充当总经理的角色。在工作上，她刻意淡化自己和父亲、弟弟妹妹的亲情关系，主张建立一个有上下级领导体系的现代企业管理制度，但这样不免会和家人发生冲突。家人们总是避免不了把亲情带入工作中，会觉得大家每天都生活在一起，都是平等的角色、平等的地位，为什么要听你的？很多时候，他们不听老大的安排，老大也感到管理困难。她经常感叹说："管外面的人比管家里面的人容易多了！"

上下牙还有打架的时候，这么一大家子管理起来，想想都难。而在弟弟妹妹的心目中，大姐一直都很强势，从小就喜欢给他们分配任务，家里的大小事基本都是大姐说了算。也因为这个，潜在的逆反心理让他们有时候专门不听大姐的话。

"我小时候跟大姐关系最不好，那时候经常跟她抢玩具、抢电视。"老三说。

"要形容我大姐，就三个字'女强人'，比较强势。从小她就给我们分配任务，你去洗碗，你去扫地……我们一开始都不服，后面慢慢就屈服了。"老四说。

"我大姐是一个比较严厉的角色。"老五说。

"我觉得大姐真的很能干，她和我爸都是我的偶像。她给我任务越多，我就学得越多，我提升得也就越快。"老二说。

弟妹们对大姐的评价褒贬不一。沈燕芬也深知亲情的重要性，但对于公司，必须要有一个具备很强执行力的团队来运作。她经常对弟弟妹妹讲道理："我再厉害，也只是一个人，是不行的。我们现在是一个团队，团队里的每个人都是一个关键、一个核心。你们每个人都要知道农机具的功能性能，了解农机手的性格特点，这样才有利于我们开展工作。"

吵归吵，闹归闹，但5个人的心还是连在一起的，都希望齐心协力把农机队的工作做好。真应了那句话：上阵父子兵，老沈小沈齐上阵！

### ✦ 兄妹同心，其利断金

对于农机合作社来说，别看平时机器都闲置着，可一到农忙时节，有多少台机器都不够用，机手更是紧缺人才。有时候是找不到足够的机手，有时候是订单在时间上发生冲突，又或者机具调配不开，这边急，那边也急，沈燕芬经常处在焦头烂额的状况中。一会儿这个客户打电话："救命啊，你赶紧给我调一台机器过来啊！"一会儿那个客户打电话："哎呀，我的稻谷真的要倒伏了，你还不过来收？"沈燕芬经过仔细分析，认为出现这种状况的原因在于，目前所有的农机合作社基本上都处于各自为战的状态，每个合作社的规模都非常有限，没有形成集团化的优势。

尽管已在农机服务行业深耕10多年，但石乡农机专业合作社仅依靠一己之力应对农忙时的订单任务，还真有点供不应求。增城现有12万亩水稻田，这代表着整个社会化服务的市场总量超过1个亿，可现状是市场化运作程度比较低，远远达不到需求。未来，土地集约化、机械化、规模化是发展趋势，但目前农机服务的经营主体普遍为"60后""70后"老一辈农民，规模受限，市场化程度也较低，无法匹配市场的需求。在这样的行业背景下，沈燕芬开始探索新的商业模式。

她找到当地较有实力的5家农机合作社，经过协商，一起成立了一家农机联合社。这也是广州首家农机联合社。农机联合社的成立，使人员、机具、订单得到合理的配置，有利于整合资源，提高了资源利用率。一位外调农机手感慨地说："自从成立了星级农机专业联合社，因为范围比较广，生意比较多，每天都有事情做，一天都不闲，收入也大大增加。以前是忙完了没事，就在那里闲着。"

梯田收割麻烦多，一波未平，一波又起。这次任务共安排3台联合收割机同时工作，其中有一台旧机器，没有驾驶室，一旦开动起来，碎屑、尘土就到处飞扬，戴两层口罩都挡不住。沈燕芬把旧机器安排给了老四沈笑芬开。

沈笑芬一时犯了难，心情瞬间五味杂陈："天哪，竟然是梯田，地面不平，有快要倒的感觉，时间、速度还要控制好。"但"天将降大任于是人也"，沈笑芬觉得大家都认可她的驾驶技术，况且不能让外社来支援的师傅用旧机器，于是硬着头皮上了战场。

沈笑芬打小就聪颖好学，老沈正是看中了她这一点，所以愿意倾囊相授。在老沈的悉心栽培下，老四很快就学会了农机操作的基本技能。加上她自身的努力，在很短的时间里就掌握了各种"疑难杂症"地形的农机操作技巧。

沈笑芬之所以被委以重任，源于她平时的勤奋刻苦。2021年7月，沈燕芬帮沈笑芬报名参加了广东省水稻机收减损技能大比武，只有几天的

老沈在培训姐弟使用收割机

准备时间，而老四在这次比赛中获得全市第二名的佳绩。作为一名女农机手，获得这样的成绩是前所未有的事。成绩公布后，所有人都对沈笑芬啧啧赞叹："没想到，第二名竟然是一个小女生！"从此，大家都对沈笑芬刮目相看，向外人介绍时都说她是队里的"资深女农机手"。凡是遇到技术上的难事儿，沈家老四都一马当先。

但沈笑芬并不在乎这样的荣誉，她只在乎任务是否圆满完成。她经常挂在嘴边的一句话是："我不管别人怎么说，我只坚持做我自己喜欢的事情。我就是觉得开拖拉机很酷，就像开奔驰的感觉。"

随着收割机一辆辆开向稻田，今天的收割任务终于有条不紊地开始了。经过一天紧张的劳作，到了日落时分，整个收割任务顺利完成。

每当一天的农活结束后，沈家姐弟的母亲都会在家里准备好可

口的饭菜，5个人围着父母有说有笑。此时此刻，他们不再是沈家
农机小分队，而是幸福的一家人。

## ✦ 新农人的责任

置身于这种既有柔和亲情，又有严明管理的特殊企业中，沈家
五姐弟对家人、对事业、对未来都充满了美好的憧憬。

老三沈智威说："我们五姐弟虽然小时候经常打闹，但现在是
团结一心，都愿意回家帮助父亲把合作社做好，这份团结是独生子
无法体会的，遇到事情大家就坐下来开一个家庭会议，讨论该怎么
解决。虽然有时候感到很艰苦，但还是欢乐的时光更多。"

老四沈笑芬说："我觉得以前农业生产都靠人力、靠手工，比

沈家农机队收割丝苗米现场

较传统。未来就要全程机械化了，这是个很大的变化。我觉得农业是很有前景的，农机服务业是大有可为的。"

老五沈智豪说："我经常觉得农村比城市更好。农村会有越来越多的就业机会，永远都不缺工作。"

老二沈桂芬说："现在返乡创业已经形成趋势了。在城里打工，很多人找不到归属感，无法实现自身价值的最大化。但是返乡创业，自己做老板，就可以把自己的价值实现最大化，而且也自由。"

老大沈燕芬说："对我来说，新农人是一种身份，更意味着一份责任。我们的父辈在这个领域耕耘了几十年时间，他们有一份执着和信念在里面。我特别希望现在的年轻人回来，真正地把父辈的农业梦想传承下去，做大做强，发光发热。这是我们的一份责任，是我们新农人的责任。"

沈家农机队坦然地顺应农业产业化、集约化、规模化的大趋势，迎接着越来越多的新挑战，不断地完善农业社会化服务，助力粮食丰产丰收！

## 人物档案

扫码观看纪录片

姓　　名：董敏芳

出生年份：1977年

职　　业：新型职业农民、岳阳县丰瑞农机专业合作社及岳阳县润升
　　　　　水稻专业合作社理事长

工作地点：湖南省岳阳市岳阳县

荣　　誉：获得2019年度湖南省"三八红旗手"荣誉称号，入选全国
　　　　　巾帼建功标兵名单，被农业农村部确定为第四批全国农村
　　　　　创业创新优秀带头人，入选2021年度"全国十佳农民"资
　　　　　助项目人选名单。

"乡村振兴，体现了国家对我们三农的更加重视。我们一直都是呼吁引老乡，回故乡，建家乡，能够更好地帮助自己家乡的人来发展我们的农业产业，让希望在金色的田野里绽放！"

# 立志打造"面朝屏幕背朝云"的智慧农业

高跟鞋，白衬衫，干练整洁去种田！竟然有人会以这样的着装下地种田？有！她就是希望将农民变成一份具有吸引力的职业的当代种田人——董敏芳。

## ✦ 返乡创业当农民，启项筹资解难题

董敏芳，湖南岳阳人，一名返乡创业的职业农民。她希望通过自己的努力，将家乡父老乡亲传统的"面朝黄土背朝天"的种植模式改变为"面朝屏幕背朝云"的智慧农业，她想让家乡父老都能像她一样穿着皮鞋也能种好田。

要讲她的种田故事，我们还得从2013年说起……

2013年，积累了10多年管理经验的董敏芳回到家乡湖南岳阳筻口镇，准备投资现代化农业。当时董敏芳对农业一窍不通，是什么原因让她做出了这样看似并不明智的决定呢？她说："我也关注一些时事，我们的中央一号文件都是讲的农业嘛，所以包括农民合作社的这种发展感觉应该还是挺好的。我自己做过企业管理，做过营销，然后可以结合自身的这种工作经验来摸索着去做农业、管农业。"

　　然而任何一项事业的起步都需要启动资金，千难万难，没有资金最难。通过多方筹借以及在姐姐董敏兰的大力支援下，董敏芳流转了5500亩土地，牵头开发了现代粮食产业项目，创办了岳阳县丰瑞农机专业合作社和润升水稻专业合作社。从此，董敏芳便开始了她的现代农业摸索之路。

　　她回来以后尝试种过芋香冬瓜、葡萄、水稻等多种农作物，最终认定筻口镇的特色是水稻。因为岳阳是鱼米之乡，而董敏芳的家乡筻口镇更是全国有名的粮食生产乡镇、双季稻种植地。经过实践，她感悟到只有因地制宜发展农业，才是明智之选。

## ✦ 勤学修得金刚钻，攻坚揽得瓷器活

　　当时，董敏芳还是个门外汉，到田间去寻去看的时候，虽然感觉稻子不是太好，但也说不出个所以然来。她不知道稻子到底是有什么病害，或者是否受干旱，所以她每年都会出去学习很多次，向农业先进的省份学习。

　　没有金刚钻可揽不了瓷器活儿。董敏芳清楚自己的短板，抓紧一切可以利用的时间来进行专业的学习，理论知识和实践都不落下。每一年的开春，她便带着公司里的员工走出去，到湖北、江西、山东、浙江、四川、重庆等地去看去学。董敏芳通过这些年不停地走访学习，见识了很多先进的种植技术，得到了很大的启发。在考察学习的过程中，她发现水稻种植最难的环节就是选种和育

秧。传统的大田育秧，需要投入大量的劳动力。但结合优秀的水稻种植经验和家乡的实际情况，她发现现在农村的年轻劳动力越来越少。

劳动力缺乏这个问题困扰了董敏芳很久，但路还得继续往前走。万般思量无果时，她突然想起来曾经看过的一个西红柿园，那个西红柿园里面基本上是自动化生

董敏芳到地里查看水稻的成熟情况

产路线。其实董敏芳心里早就认为当下的种粮早已不该是那种"面朝黄土背朝天"的传统种植模式了，而应走向"面朝屏幕背朝云"的智慧农业模式。"能用机械替代的，尽量不要去过多地采用繁重的劳动力用工。只有让老百姓种粮越种越轻松，大家才愿意来种田，这样一方面解决了劳动力缺乏的困扰，另一方面粮食安全也能更有保障。"董敏芳说。

董敏芳在解决劳动力的这一过程中深受启发，她没有继续再流转土地、扩大水稻种植规模，而是将目光转向了农业社会化服务。她首先解决了旱地育秧技术，希望把这个方向和模式做出来，吸引更多的农民、更多的新型人才走入农业，让农民变成有一份具有吸引力的职业。

写文章"题好一半文"，种粮食"秧好一半谷"。为了稳定粮食生产面积和产量，董敏芳带领合作社推广以机插秧育秧技术为主、机抛为辅的专业化旱地集中育秧，带动农户增产增收。旱地育秧可以有效节约农田早稻面积的8%，解放繁重劳动力，节约人力成本60%以上。

2020年底，合作社投建了占地面积30多亩的集中育秧工厂，每季能为超2万亩水田提供机插秧苗，且秧苗粗壮，抗病力强，带土入田生长快。育秧工厂还配备了两条育秧流水线，可实现自动播种、施肥、喷灌及智能控温等现代化育秧作业。

从牛耕到机耕，从栽禾到抛秧再到机插，从手摇式喷药到无人机"飞防"，董敏芳带领乡亲们告别了日晒雨淋的苦和累。种粮大户陈刚说，以前没机插秧之前，人工成本高一些，农药用的多一些，现在用机插秧不仅节省了人工成本，农药成本也降低了，晚稻机插秧也不会碰到寒露风。老百姓在董敏芳的带领下进行现代化农业生产，一步步地切身体会到了现代科技种田的甜头。

### ✦ 农田改造誓践行，质疑不改自清明

几年前，潼溪村村委会将300亩土地流转给了董敏芳的合作社。可是这300亩农田的地块非常不规则，按照规划，董敏芳要将那块农田在春耕开始前改造成高标准农田。建设高标准农田，首先要平整土地、集中连片、完善设施等，把农田改造成与现代农业生

产和经营方式相适应的旱涝保收、高产稳产的耕地。改造后的农田不但要保证良好的生态循环，还要增强抗灾的能力。董敏芳认为，高标准农田建设势在必行。

但村民大都不看好董敏芳，大家认为一个女同志种这么多田，肯定是拿不下来的。潼溪村的阮文台书记也对董敏芳搞的这次农田改造不放心。2021年立冬时节刚过，阮书记就来找董敏芳商量改造事宜。阮书记和董敏芳一并来到改造田里，一遍遍地和董敏芳反复强调着："要注意这个，必须能够灌，也能够排，田间的水都要能排出去。"阮支书心里对董敏芳也是一百个不放心，但董敏芳身上有股辣妹子的不服输的韧劲，面对质疑她更加坚定了要种好这块田的决心。

为了打消阮支书的担忧和顾虑，董敏芳信心十足地给他介绍起

她的高标准农田改造计划和实施方案："这边就是我们做那个沟渠的引水，从这里进来以后，就是往这边走沟渠了。这个路面的话，我们会把它整成这个样子，到时还会压平整，压平整以后，再铺30厘米厚的小石子，这样能方便我们的机械上下。整个我们基本上都做了这样的安排，这个您放心。"

老百姓自然是信奉"耳听为虚，眼见为实"的道理，董敏芳说得再好听，农户也不一定听她的。所以董敏芳和她的团队只能先一步一步地自己做出来，让大家看到真真切切的好处，她才能真正带动起大家的积极性，改变大家的传统观念。而董敏芳也确实是这样做的。别看董敏芳天天穿着整洁的套装、干练的高跟鞋，扎着利落的马尾辫，与刻板印象里的种粮人有着一定的差距，但她所有的梦想早已和那片土地的未来融为了一体。

### ✦ 山重水复寻出路，柳暗花明又一途

农田改造成良田的事儿暂告一段落，为了稳定2022年早稻机插秧耕种面积，董敏芳开始着手给篦口镇几十位种粮大户推销她的旱地育秧技术和机插秧订单服务。

在她组织的2022年早稻旱地育秧机插合同签订会上，在座的都是篦口镇有名的种粮大户，在种水稻的经验上大家都是行家里手，有些农户都种了几十年的地了，他们提出了很多疑问，比如这个稻谷是什么品种，插的秧怎么回收，等等。

董敏芳针对这些问题都一一作了详细、专业的回答。对于农户关心的粮食价格的收储性问题，董敏芳也给大家吃了一颗定心丸，她告诉农户农业合作社基本上是按照国家的粮食保护价格来收购的。

经过董敏芳的沟通，现场签约气氛很是热烈，80%以上的农户都签订了合同。对于还有疑虑的农民，董敏芳则建议他们可以少采购一部分先试试，效果好的话再进行下一步的合作。根据订单情况，董敏芳心里也有了底。据董敏芳介绍，通过农户签约订单能让她这边的备种工作更精准。另外，签订合同的同时，农户需要支付一部分定金，这样就可以为订购农资提供一些资金支持。

他们为农户提供的社会化服务，在2021年上半年，早稻的辐射范围基本在岳阳市之内；2021年的晚稻，就走出了岳阳，面向全省。她带领的团队把种粮食里面最难的环节——育秧机插解决了。就这样，董敏芳得到了当地老百姓和政府的充分认可。

董敏芳给附近的农民讲解机械化种田

✦ 水涨船高农资贵，主动出击解困境

2021年春耕开始，受到国际市场和原材料价格上涨的影响，化肥价格有所提升，这种影响短期内不一定能消除，并且当它与短期供需缺口叠加在一起时，影响将会更加明显。农资是农业生产的重要因素，它的价格高低直接影响农业生产的成本和效益，也直接影响农民的收入。面对农资价格迅猛上涨，当地农民十分担心，一方面担心价格在未来会不会跌，另一方面担心价格上涨会不会影响肥料的质量。农户们都持观望态度，期待农资价格能有所下降。

此时董敏芳马上要着手制订冬储计划了。冬储主要是储备种子、肥料等农资，根据种植面积进行规划，适量储备。冬储工作是春耕备耕的重要一环，董敏芳非常重视。她了解到以前种粮大户或者普通农户在周边的农资商店各自购买农资，价格相对来说就会高一些。在当时农资价格全面上涨的情况下如果还是各行其是，那种植的成本肯定高。她希望通过社会化服务（其中包含了农资储备），把周边的种粮大户以及普通农户的农资需求整合起来，然后根据配备的需求量，提前跟农资厂家进行谈判，把这些中间环节都给省去，拿到最好的品质、最低的价位，让利给农户，为老百姓降低种植成本，获得农资价格优势。于是，她将种粮大户、供销社和农业局的领导集合了起来，召开了"岳阳县测土配方肥推广规模大户冬储会"，面对面地去沟通了解农户们的实际需求。

对于究竟选择什么样的肥料，董敏芳根据这些年的种植经验做了计划。一是要保障农户明年春耕的农资储备。二是要从环保标准来进行考虑，尽量做到减肥降药，即根据检测，当地土壤中缺什么

董敏芳帮农民们找化肥

就补什么，既防止浪费肥料，又对土壤起到保护作用。董敏芳给大家专门设计了表格，将肥料分门别类，让大家有选择性地按需报备。

就这样，董敏芳集中了岳阳县大部分种粮户的测土配方肥需求量，她立刻赶到离岳阳县最近的化肥厂跟厂家直接谈判。化肥厂的李厂长向大家介绍了肥料的原料和配比，指出目前化肥的配比是非常科学合理、因地制宜的。经过几番艰难的谈判，最终化肥厂承诺在保证质量的前提下，按照最优惠的价格给董敏芳提供产品。董敏芳心里的一块大石头，总算落地了。

储备完农资，董敏芳就可以把剩余的钱给合作社里几百户土地入股的村民分红了。2021年12月8日，入股土地的第一批村民分红的时间到了。这一天，56个农户按照通知的时间都来了，合作社门前的小院里立刻热闹了起来。村民领上分红后，脸上都露出了喜悦的笑容。在董敏芳的努力下，土地入股的村民们不仅收入得到保障，科技种田还解放了田间劳动力，使他们可以做些其他工作来增加收入。

### 事业为重家则轻，春风化雨暖人心

董敏芳回乡的8年时间里，一门心思扑在农业上，天天在合作社和田里来回跑，不是研究育秧技术，就是到处奔波解决资金问题。

而对家人，她是亏欠的。

董敏芳的丈夫一开始听到妻子要回乡创业当农民时，非常不理解，也不支持。因为在他的意识里，农民就是得面朝黄土背朝天地辛苦劳作。但董敏芳是个非常有个性的湖南女人，依旧坚持按自己的想法去做。而丈夫虽然嘴上说不支持，但在实际行动上付出了很多。家里家外都是他照顾，还帮助董敏芳渡过了一些难关，这让董敏芳很是感动。慢慢地，丈夫看到董敏芳这么多年来不管是在个人收入方面，还是在造福一方、响应国家政策号召方面，都做出了较大的成绩，也就理解了董敏芳的初心。

5年飞行60多次，奔走在各地学习。至今，董敏芳也不愿停下脚步。而她之所以长期奔走在田间地头，就是为了真正发现村庄或者农产品流通环节中的问题，能够在乡村振兴领域做出一些具有标杆性的东西。

她说乡村振兴体现了国家对三农的重视。通过乡村振兴带动产业的全面升级，促进了农民整体收入的增长。她一直都呼吁引老乡，回故乡，建家乡，希望更好地帮助自己家乡的人来发展农业产业，带领家乡人民致富奔小康！

## 人物档案

扫码观看纪录片

姓　　名：罗伟特

出生年份：1992年

职　　业：广东江门国家农业科技园区"鱼菜共生"项目负责人

工作地点：广东省江门市国家农业科技创新中心

荣　　誉：获得"全国乡村振兴青年先锋""香港十大优秀青年"
　　　　　"2022年度全国向上向善好青年（担当奉献）"等荣誉
　　　　　称号。

"在未来，我寄望我们推出的农产品是优质的，也是大家买得起的、便宜的、亲民的。"

# "鱼菜共生"的创业之路

在远离广东省江门市区的开平市赤坎镇，香港青年罗伟特创办的"鱼菜共生"项目得到了粤港澳大湾区乃至全国同行的认可。而在这之前，创业之路的艰辛是很多人不曾看到的，但是罗伟特和他的两位小伙伴坚定地走了下来，一走就是6年，并且建立起一个高科技的蔬菜"梦工厂"。

### ✦ 弃"文"从"农"，追逐梦想

广东省江门市赤坎镇的田间地头里，3个来自香港的年轻人，罗伟特、谭慧敏、梁立锋正在这里视察新项目，规划着如何建设这500亩的农田。

"你们看，"罗伟特手指着远处说，"前面有个大鱼塘，我计划把鱼塘里养鱼的水抽到附近一个大型的集装箱进行水处理，再将处理完变出来的肥水拿来供应我们眼前的这一片农田。"罗伟特是江门市国家农业科技创新中心"鱼菜共生"项目团队的负责人。

6年前，毕业于香港中文大学工商管理专业的罗伟特、香港树仁大学新闻学专业的谭慧敏和香港理工大学酒店管理专业的梁立锋一起来到江门创业。这3个年轻人是高中同学，他们既没有相关的专业知识，也没有实践经验，却毅然选择成为地地道道的农民，这在一开始连他们的父母都不能理解。

然而他们顶着压力坚定地走了下去。2019年，"鱼菜共生"这一项目在共青团中央举办的

谭慧敏、罗伟特、梁立锋

创新创业大赛上，一举夺魁。如今，在农业领域，他们的项目更是得到了粤港澳大湾区乃至全国同行的认可。

这一天，罗伟特正在陪同领导一行参观、考察江门市国家农业科技创新中心。"那边圈住的大鱼池，里面养着鱼，我们把鱼粪抽到假山里面去处理，经过污水分解之后，供我们种菜、果、瓜，之后再回到鱼池。"罗伟特详细地介绍着。

领导询问道："这里的蔬菜产量有多少？"

"产量一年300吨左右，我们全部供港。"罗伟特自豪地说。

领导接着又问道："那你们的产值现在有多少？"

罗伟特立刻回答："按照现在的产值算，每年300吨，一吨菜是1万元。从3月份开始，我们就扩展到500亩，一年可生产8000吨。"

绿油油的蔬菜长势喜人，领导见状忍不住伸手摸了摸，赞赏地说："长得真不错！"

罗伟特继续介绍道："这是一个浅层管道种植技术，水从那边流

过来，然后再从那边回流。水量不大，水缓慢地从这里流过去，流到管道里面形成一个薄膜，然后蔬菜的根系

罗伟特收获蔬菜

就可以在薄膜的这个水层上面吸收营养。蔬菜的根系就像是人的胃，根系越多，它的胃口就越大。这些是我们刚定植上去的小白菜，在苗期的时候已经种了有15天，它们还需要在种植管道上面再种15天，大概整个种植周期30天，它就长成一棵我们平常在菜市场里面见到的小白菜了。"

罗伟特拿起一棵小白菜，向大家展示："我们的菜长出来都是非常干净、雪白的，所以在市场上很受欢迎。"

### ✦ 创业种子寻得归宿

3个非农学专业的大学生，能够一起到农村创业，这还得从梁立锋大学时参加的一个兴趣班说起。

在上大三的时候，梁立锋参加了天台农场有机种植兴趣班，开始在学校的天台上面做一些实验。当时种的菜千奇百怪，而且长得

也非常丑，于是他就叫罗伟特和谭慧敏来帮忙。人一多竟然把这个天台搞得非常漂亮，他们也觉得种菜充满乐趣。通过这个兴趣班他们了解到"鱼菜共生"这个当时在国外很流行的生产模式，也就是把养鱼的水用来种菜，再把蔬菜中的水分收集起来养鱼。他们对这个模式产生了浓厚的兴趣，于是 3 个人组成团队，想把"鱼菜共生"做成一个可以量产蔬菜的生产模式。

经过大学时期两年的经验积累，他们对农作物的生长有了基本的认识，对"鱼菜共生"的前景更是充满信心。但是要想在香港这个人多地少、寸土寸金的地方将这个实验变成产业几乎不可能，于是他们把目光投向内地，寻找合适的地方。令他们没有想到的是，内地很多地区都向他们抛来了橄榄枝，最终他们选择了广东省江门市，因为当地农业局提出可以在农业科技创新中心为他们免费提供一个蔬菜大棚让他们做"鱼菜共生"实验。就这样，3 个年轻人在这里扎下了根，这里也成为他们梦想开始的地方。

## ✦ 香港来的新型农民

江门市农业科技创新中心位于开平市苍城镇，是现代农业综合示范基地的核心区，里面全部都是各种做成实验品的蔬菜和水果，偶尔能看到几个收集数据的工人。工人白天在这里上班，晚上又回到市区生活。偌大的园区里，晚上漆黑一片，就只剩下罗伟特他们3 个人，连苍蝇飞过的声音都能听得到。

罗伟特带领团队来到这里之前，从来不知道农村的夜晚可以看到那么美丽的夜空，也没有想到夏天会有那么多的蚊子，甚至点上蚊香也毫无用处，睡觉的时候一层蚊帐都不管用，需要两层蚊帐，即使这样大家也都被叮得满身是包。

白天，大棚里面的温度有三十七八摄氏度，在里面做实验，常常汗流浃背，热气凝结在眼镜上，模糊得什么都看不清楚，衣服上也是一身汗臭味，他们舍不得花钱买洗衣机，晚上就自己用手洗。刚开始他们并没有资金支持，花的都是自己攒下的压岁钱，3个人省吃俭用，一顿饭只有30元钱。有一次，梁立锋连坐地铁的钱都不够，银行卡里的余额还不到3位数，自动取款机取不出钱来，他只得硬着头皮从银行的柜台把余额取出来，才坐上地铁回了家。

生活的拮据和艰辛并没有压垮罗伟特所带领的这个团队，从香港来到江门，从热闹的城市来到安静的乡村，他们十分享受在这里的生活。罗伟特开心地说："白天，我们在这里种菜、做实验，晚上我们在天台上面看星星。这里的星星非常漂亮，我第一次看到了北斗七星。"

然而实验的过程并非一帆风顺，刚开始他们种的菜一棵都长不出来。在初来江门的两年时间里，3个人的内心无数次地由希望变成失望。2017年的一场台风，更是让他们彻底感到绝望。看着大棚倒塌，塑料薄膜完全被毁坏，3个年轻人情绪低落，准备放弃这里回香港找工作。

好在天无绝人之路，江门市农业局在这个危难关头向他们伸出了援手，为该项目申请到了5万元的资金，帮助团队度过了最艰难的时期。有了江门市农业局的支持和帮助，罗伟特及其团队又重燃信心，干劲十足，潜心研究"鱼菜共生"项目，还申请了多项专利。

创业难，搞农业创业更是难上加难。因为农作物的生长周期比较长，今天播了种子，可能要一个月或者几个月以后才能开花结果。在这几个月里，还需要精心的照顾和打理，而且不一定有投入就会有回报。

在实验初期，由于经验不足，他们种出来的菜样貌不佳。为了解决这一难题，他们向附近的村民和当地的农业专家请教，知道了颜色发黄是因为种的菜里缺乏铁元素和钾元素。因此，他们来到养猪场，为了收集猪粪而被猪追着跑，又来到菜市场，收集杀了鱼之

罗伟特的现代农场

后的下脚料，拿回去发酵成液态肥料给蔬菜补充营养……然而，他们尝试过多种可能都没有成功。

但他们并没有放弃，半年多的时间里不断地摸索着。谭慧敏发现花生麸发酵后会产生一种蛋白酶，再从中提取铁、钾元素制成液态肥料，然后添加到鱼池里，果然长出了绿油油的蔬菜，这样终于解决了困扰他们的难题。之后他们又解决了提升发酵效率，从而降低液肥成本的难题。

经过5年多的坚持和努力，罗伟特所带领的这个团队种出来的蔬菜越来越优质，他们对蔬菜品质的要求也越来越严格，得到了周边居民的一致好评。这里的菜，前一天晚上经批发商从东莞转运香港，第二天一早就会出现在香港的菜市场，出现在香港市民的餐桌上。虽然现在他们每天都很忙碌，但是只要一有时间，3人都会来到基地跟工人们一起收菜，享受这份来之不易的幸福。

目前，这里已成为开平市第一个供港澳蔬菜的生产基地，也是粤港澳大湾区"菜篮子"认证的基地。

### ✦ 梦想继续，前行不止

罗伟特团队成功创业的故事引起了当地媒体的关注，"鱼菜共生"也慢慢被大家所了解。许多中学生、大学生，以及香港、澳门的年轻人组团来到江门国家农业科技园区参观交流和学习。

他们又在距离开平基地大约1小时车程的鹤山市鹤山景区建了

一个供人们观光的"鱼菜共生"温室。虽然都是种菜，但是生产和观赏是有所区别的，一个注重口感，一个为了好看，所以他们决定搭配灯光来增强蔬菜的视觉效果。

这一天晚上，他们赶往鹤山验收灯光的效果。"开灯，不错不错。"罗伟特对这个项目的负责人嘉伟说道。嘉伟跟罗伟特一样，都毕业于香港中文大学，知道他们3人来江门创业的故事后，他非常感动，也非常支持，于是很快加入了罗伟特的团队。

在江门的6年时间里，这3个来自香港的年轻人，已经在这里买了房，谭慧敏还结了婚，从前期技术攻坚，到后期产业化落地，罗伟特与他的团队已经真正融入了这里。

从基础科研到产业转化，这个年轻的团队通过一步一个脚印的扎实实践，在广阔的农村找到了属于自己的机遇。他们用坚持诠释了对农业的热爱，以行动践行了新时代追梦人的初心。"在未来，我寄望我们推出的农产品是优质的，也是大家买得起的、便宜的、亲民的。有什么办法可以让我们实现呢？其实很多的路径我们都可以看到，比如说标准化的生产、集约化的生产、规模化的生产，这都是我们新型农业发展的方向，而这些已经在我们的身边出现了。"罗伟特满怀信心地说道。

## 人物档案

扫码观看纪录片

姓　　名：胡业勇

出生年份：1972 年

职　　业：农民企业家、豫东牧业有限公司负责人

工作地点：河南省商丘市宁陵县胡庄村

荣　　誉：2019 年获得全国脱贫攻坚奖（奉献奖），2020 年获"全国
　　　　　劳动模范"荣誉称号。

"一人富不算富，帮助大家致富，你才真正是一个农民企业家！"

# 村子里的"羊倌"

从养50只山羊起步，胡业勇开始了他的养殖事业。不懂技术，他就四处学习求教，没有销售渠道，他就自己赶着山羊去集市上售卖。如今，他拥有一个占地180亩的国家级畜禽养殖标准化示范基地，还带动上万户村民脱贫致富。

## ✦ 授业解惑，村民们的好帮手

"咱们这种波尔山羊，比较好养，多胎高产，奶肉兼用。""教大家一个抓羊的绝招，顺手捞它的后腿，这就是'顺手牵羊'。"胡业勇说着便"捞"起一只羊，指着小羊的牙说道："看牙能看出羊的年龄，这只羊还是一只小奶羊，可以长到一百五六十斤呢。"胡业勇在给养殖户们讲授着养羊知识。

这天清早，胡业勇又像往常一样接待到基地参观学习的养殖户，向他们传授自己多年积累的养羊经验，解决同乡们在养羊过程中遇到的困难。这样的考察活动每天有五六次，平均接待七八十人。多年如一日的知识，他总也说不腻，像第一次讲授一样神采奕奕。村民们来参观，不仅仅是因为他细心耐心的态度，更是因为他的专业性。

胡业勇从50只山羊开始养起，到现在拥有一个占地180亩的国家级畜禽养殖标准化示范基地，存栏能繁母羊1万只，除此之外，还拥有600多家能繁母羊合作繁育推广基地，每年可向社会提供20万只能繁母羊。他常常对参观的村民们说："今天你们不懂如何养羊，我们叫你很快地了解羊的品种，掌握养羊的技术。"

在宁陵县，说起养山羊的胡业勇，很多人都知道，他从10多岁起就在河坡上放羊。养羊24年，被大伙叫作"羊倌"的胡业勇不光拥有精湛的养殖技术，还辐射带动周边3万多人通过养殖山羊过上了富裕生活。胡业勇总是

胡业勇在基地给养殖户讲解养羊技术

不遗余力地为大家解决问题，向大家传授自己养羊的"秘籍"。村民们都说，胡业勇非常正能量，有问必答，态度也非常好，很愿意帮助大家，大家有问题都愿意问他。每次来参观，村民们都满载而归。

2019年，胡业勇获得全国脱贫攻坚奖（奉献奖），2020年被评为全国劳动模范，从放羊娃到全国劳动模范，当地很多人把胡业勇的奋斗故事当作一个传奇。胡业勇脸上洋溢着笑容，他说："我接触了那么多返乡创业的人，感觉很幸福，我的经验和模式能传授给

别人，感觉很自豪。我不认为别人也来养羊会影响我，从来没想过。我认为我干得好，大家都来一起干，这个路子是非常正确的。"

## ✦ 打消顾虑，积极帮助同乡

接待完来场里参观的农户，胡业勇匆匆赶到距离羊场10公里外的戚庄村，村党支部书记戚兴侦想让村民们发展养羊产业，动员会都开了3次，但大家还是心存担忧。这次戚书记特意请来胡业勇，给村里的养殖户解决实际问题，给村民们吃颗"定心丸"，减轻他们养羊的顾虑。

两人先来到了村民老梁家，没有过多寒暄，胡业勇直接问道："家里养了几只羊啊？"老梁答道："5只。""羊养得怎么样啊？""它就是吃得多长得慢，不知道怎么办。"胡业勇走上前，捧起羊的吃食一看，便找到了症结："这种老土法喂羊是不行的，现在讲究科学饲养，你要给小羊配料，配点玉米、豆粕、花生秧，各种秸秆都有好处。"在戚庄村，只要家里有空地，村民们总会养上五六只羊或者一两头牛。胡业勇又去羊圈看了看，说道："羊跟鸡不能放在一起养，鸡有球虫病，会交叉感染。之后你要把鸡跟羊分开圈养，羊不容易生病。"

胡业勇的养殖技术远近闻名，他给出的专业意见，让老梁心中的石头落了地。

这时，戚书记再次提出发展养羊产业，老梁也说出了自己的顾虑：“我是想养又不敢养，想着我好不容易积攒了这几万块养老钱，万一我要打了水漂怎么办啊！”胡业勇看着老梁说：“现在我们发展的村太多了，有顾虑的村民我们走访得太多了，我们是有技术团队的，你放心，一定能让你养成功，放心大胆地养一下。”戚书记紧接着说道：“咱们也做个养羊专业村！”老梁听了，有了一些信心和干劲。

戚庄村每年有大量的花生秧、辣椒秧销往外地，如果把这些秸秆利用起来养羊，就能够做到种养循环，有效增加村民收入。正是因为这样的原因，戚书记才想到让老梁这样养着五六只羊的小户扩大养殖规模。另外，村里还有很多人家有闲置的劳动力和场地，但因为顾虑处于观望状态，村民范素英就是其中之一。胡业勇紧接着考察了范素英准备养羊的场地，仔细观察了这个旧房子，他的脑海中有了改造方案：“这个老房子改羊圈，里面挺好的，不用怎么改善，就是在前面加个围栏，设一个羊槽，就很好。”提出了切实可行的羊圈改造方案，这让范大娘起了养羊的念头，但她的脸上还是挂着一丝担忧，戚书记察觉后便说：“这个荒芜的小院变成羊圈，一年能增收几万元呢，何乐而不为呢？要有信心。”

村里还有不少常年在外打工的年轻人，也很愿意回村来搞养殖创业。去年回到家乡的亚鹏本来打算养牛，但是建设场地的时候资金出了问题，无奈之下，建了一半的牛场只能闲置。3人并肩走在田间小路上，胡业勇看到了牛场，说道：“这个牛场挺大的，占地面积有一千多平方米吧。”曾经的创业失败让亚鹏多了一些谨慎，他先说出了自己的问题：“我看别人家散养的十几只羊不容易生病，圈养的时间长了，羊容易生病。"胡业勇拍拍他的肩膀说："不要怕，我们的养殖技术都会教给你的，出了什么问题都可以来找我们。"

## ✦ 村民安心，"三包养羊"模式诞生

养羊多年，胡业勇慢慢发现个人养羊规模小，卖羊、回收羊都卖不出好价钱，发展很慢。他逐渐意识到，干的人越多，市场越大。

2001年，养羊4年的胡业勇已经拥有了600多只能繁母羊，为了进一步扩大养殖规模，他开始动员村民和他一起养羊。胡业勇提出如果村民跟着自己一起养羊，他会负责提供养殖技术，再按照高于市场的价格回收商品羊，即便这样的条件，担心羊生病或出现死亡的村民依然下不了决心，村民们大都担心扩大规模所带来的风险，出了状况恐难以承担，不敢干。和眼下的情况一样，胡业勇在村里跑了几天都没有成效。

胡业勇并没有气馁，他白天养羊，夜里辗转反侧，思考如何打消村民的顾虑，带动父老乡亲做大养羊产业。经过不断思索，他想出了一个模式。先从热衷养羊的村民们入手，给他们一个保障。那就是"病了包看，死了包换，养成包回收"，这样的"三包养羊"模式极大地解决了村民们的后顾之忧。

每年冬至过后到春节前是母羊的产羔高峰期，这段时间，胡业勇不分昼夜地在羊场照顾母羊和羔羊，用科学的方法提高小羊成活率。看着一只只小羊羔的诞生，胡业勇虽然忙碌，心里却是甜的。

这一晚上，就有40多只母羊生产，5个月后就能给羊场带来将近6万元的效益，在胡业勇看来，掌握养殖技术就能让村民增收致富。

24年前，也和现在的情形一样，第一批购买的50只能繁母羊顺利产下羊羔，坚定了胡业勇养羊的决心。

电话突然响起，为这个夜晚增添了一丝忙碌。"放心吧，很快就到。"胡业勇的声音让电话那头的村民安了心。从胡业勇的养殖基地引进

胡业勇在夜晚帮助母羊生产

的山羊，病了都包治疗，无论距离多远，规模大小，只要接到求助电话，胡业勇和技术团队都会第一时间赶到现场解决问题。一家养殖户打来电话说她刚从胡业勇这里引进的山羊得了羊瘟。如果养羊户所说的情况属实，会给羊场带来毁灭性的打击。胡业勇听到这个情况心中也是一紧，简单交接好手头的事，便立刻带着技术团队连夜驱车赶往30公里外的柘城县。

见到胡业勇，养殖户像抓住了救命稻草，赶忙说自己家的羊吃的东西很少，有人说这是羊瘟，让胡业勇赶快来看看。胡业勇查看后松了一口气，说道："不是羊瘟，放心。这羊是吃得太多，消化不良，现在这个羊它不光拉稀还有点感冒。这个病也很好治，一般

打点双黄连就给它治好了。"原来是虚惊一场，确定不是羊瘟，养殖户长出一口气，语速也缓慢下来，说道："那就好，这一晚上把我紧张坏了。"胡业勇亲自演示了打针方法，说明了剂量大小，强调如何护理之后，又检查了羊圈的情况，确定没问题才放心地回家了，今晚的突发情况也给他带来启发。

胡业勇开创的"三包养羊"模式，解决了很多新手养殖户的后顾之忧，而他每次上门服务绝不仅仅停留在给羊看病上，很多养殖上的技术细节他都会手把手地进行指导，有了信赖，越来越多的养殖户加入到和他一起养羊的队伍中。

## ✦ 紧跟政策，根治贫困

忙碌的一晚上过去了，第二天一大早，胡业勇就邀请戚书记带上想养羊的老梁、范素英、亚鹏等村民一起到陈荣胜的羊场参观。陈荣胜是胡业勇发展的养殖户，双方依照胡业勇提出的"三包养羊"模式，如今已经合作了6年多时间。陈荣胜回忆起最初养羊的时候，不懂如何提高繁育率、成活率，多亏胡业勇的帮助与指导，现在自己也是养羊专家了，羊场也蒸蒸日上地发展着。看到如今陈荣胜的羊场规模如此大，养羊产业做得风生水起，村民们心里有了底，对养羊产业也有了更多的信心。

2015年国家提出了一个产业扶持到户增收的项目，胡业勇记在心里，积极响应，主动承担社会责任，在工作中结合国家的宏观政策，贯彻脱贫攻坚的理念，探索出了"五包扶贫"的模式。胡业勇考虑到贫困户没有启动资金，便在原来的"三包养羊"模式的基础上增加了两条，即如果没有资金，送给养殖户能繁母羊，也就是无款包送和整个养殖期间包防疫的另外"两包"，减轻了农民的资金压力和投入风险，让大家轻松上阵，投入养羊产业，确保能够养殖成功。这一举措让许多贫困户都成功脱贫，过上了有奔头的日子。看到村民们慢慢富裕起来，胡业勇心中满满的自豪感和成就感，由衷为大家伙感到开心。

参观完的第二天，老梁就来到羊场引进能繁母羊，让胡业勇挑几只好羊给自己，有胡业勇开创的"五包养羊"模式做支撑，戚庄村的村民们完全打消了顾虑，顺利的话，5个月后这

胡业勇给养殖户介绍养羊技术

10只母羊就能给老梁带来收益。老梁带走了羊，眼神里充满了希望。

胡业勇转身来到亚鹏的牛场，指导亚鹏动工改造羊圈。昨天考察完后，亚鹏激动了一个晚上，对养羊产业充满了信心。按照每2平方米一只母羊的养殖密度，亚鹏计划先引进100只能繁母羊，胡业勇也

特别看好这个有闯劲的年轻人，打算给他一定程度上的资金扶持。

胡业勇始终认为，自己干成功了，就要积极带动周围群众，把这个致富的好方法和人们分享，大家一起干，这样路才能越走越宽。仅2015年到2020年的5年间，胡业勇就带动1万多户3万多人脱贫，辐射带动3万多农户9万多人依靠养羊走上致富道路。

胡业勇用自己的方式践行国家宏观政策，带领父老乡亲走上致富之路，他坚定地说道："我的目标就是一人富不算富，帮助大家致富，你才真正是一个农民企业家！"

## 人物档案

姓　　名：龚向桃

出生年份：1988年

职　　业：网络主播

工作地点：四川省荣县波罗村

荣　　誉：全网3000万粉丝，入选全国妇联第二届"百个巾帼好网民故事"征集活动，当选十六届自贡市政协委员。

"听老人说，一段路至少有三截是烂的，就像人生一样，所以当你走鸿运的时候，你千万该干吗干吗，因为人生一辈子太久了。"

# 分享灶台边上的幸福生活

一名原本普通的农家妇女，用视频记录下家的味道，她坚守初心，不断挑战，在实践中提升技能，实现了从农家妇女到顶流网红的逆袭，最终闯出了一片属于自己的天地，并让更多村民在自己家门口过上了好日子。

## ✦ 意外走红

太阳初升，雏鸟轻啼，朴实的大山上郁郁葱葱，袅袅的炊烟笼罩着整个波罗村。静谧、安宁是这里再正常不过的生活写照。然而，隐藏于波罗村的一户普通农家院里每天却要迎接络绎不绝的客人。原本安静的村庄为何突然热闹起来？原来是村里出了一个网红——桃子姐拍摄的视频忽然间在网络上走红了。

"桃子姐"本名龚向桃，原本是四川省荣县波罗村一名普通的家庭妇女。2020年，龚向桃和丈夫包立春的短视频自媒体账号"蜀中桃子姐"突然爆红，不到半年的时间，粉丝量由30多万突然增长到全网3000多万，龚向桃成了名副其实的网红。

"我觉得桃子姐的视频特别有活力，很贴切生活。""特别喜欢，因为我觉得他们的视频好热闹啊。""我觉得她特别真实，特别纯朴，就像我们身边的人一样。""像追家庭电视剧这样追，每天都在看。"粉丝们这样评价龚向桃和她的小视频。

"太突然了，我不知道怎么一下就红了，我都没想过，连做梦都不敢这样想。"龚向桃害羞地回应，眼睛里闪烁着惊喜与对未来的期望。"按照我们这里的说法就是咸鱼翻身嘞。"丈夫包立春在一旁憨憨地笑了。

30多岁的龚向桃，过去只是一名普通的农村家庭妇女，一米五左右的个头，清秀的面庞，脸上有些许不太显眼的雀斑，像大

龚向桃在直播

多数农村妇女那样，常年日晒后肌肤呈现黄褐色。带娃、喂猪、种菜、做饭是她日复一日的主要工作，然而过去的宁静与安闲，却在龚向桃成为网红之后被打破了。是什么契机让她成了网红？故事还要从包立春的妹妹包丽英说起。

2018年，包丽英和丈夫为了照顾家里的老人和小孩，放弃外出打工的机会，决定返乡创业。当时正值短视频发展的上升期，普通人也可以拍摄自己的生活动态，包丽英将创业的方向转向了短视频拍摄。嫂子龚向桃做的饭菜一直深受家人好评，包丽英决定将拍摄的短视频定位为桃子姐美食教程，龚向桃只需要做菜，不需要面对

镜头。然而即便是这样，龚向桃依然非常紧张。她十几岁便外出打工，同包立春结婚后便成了家庭主妇，只习惯于闷头干家务，对其他事情都没有自信，这样的生活已经过了十多年，而现在要有一个人扛着相机盯着她做菜，心里自然有些惶恐。

"刚开始的时候完全都是懵的。我做的是一些家常菜，自己家里人吃还可以，要拍出来给别人看，很不好意思，感觉有点拿不上台面。我想着想着就紧张，一紧张脸就红。"龚向桃边说边拽了拽衣角。

"我们刚回来的时候，我哥其实一点都不看好这个，总觉得我们一天到晚拍拍拍，有点不务正业的感觉。"包丽英回忆道。

然而农家人不服输的心劲没有被打倒，为了不打击家人的积极性，龚向桃还是硬着头皮配合着拍摄。短短十几分钟的视频背后往往是龚向桃一遍又一遍的做菜过程。肉条切粗了，不美观，重拍；话说错了，不地道，再重拍。就这样，龚向桃和包丽英不断摸索着，拍摄水平和内容质量都在快速提高。

### ✦ 柳暗花明

返乡创业虽然艰难，但是龚向桃和家人们相信，在故乡的土地上，一定充满着机遇。就在此时，一条钓鱼的视频让他们获得了转机。

钓鱼是包立春的爱好，只要有片刻闲工夫，他就会吆喝上龚向桃去河边过把瘾。同以往一样，包立春吩咐龚向桃备点小吃食、鱼竿、饲料等，便骑着摩托车载着龚向桃往河边去了。恰好包丽英心血来潮，她心里琢磨着，拍了那么多美食视频，不妨拍点生活小场景吧。于是包丽英扛起相机，跟在哥哥身后。到了目的地，包立春三步并作两步就跑到河边，撑起鱼竿，兴致勃勃地等待鱼儿上钩，哪里还能看见身后提着餐盒一路小跑的龚向桃。"向桃，你去给我倒点水！""向桃，快点儿，今天带什么吃的了？"殊不知，包立春甩手掌柜的作风全被妹妹拍了下来，更让人没想到的是，这样的生活小片段引起了众多网友的关注，龚向桃的账号一天之间暴涨了200多万的粉丝，获得了前所未有的播放量和点赞量。视频中包立春对龚向桃呼之即来、挥之即去的做派引发了网友的不满，大家纷纷留言批评他。

"刚开始网友是比较讨厌他的，怎么会有这种人。走到哪里吃喝到哪里，就比如说，向桃，你去把那个东西拿上，向桃，你去给我泡壶茶……"龚向桃说道。

"反正提起钓鱼，我心里都比较激动，拿起鱼竿就跑到前头，我一门心思就是钓鱼，结果很多网友说，巴不得一脚把我踢到水里去。"包立春又憨憨地笑了。虽然有点委屈，但是通过这条视频他们发现，网友的关注点不是美食，而是夫妻之间的关系。虽然他觉得网友的评价并不公平，但这条视频的点击量也给了他们启发，他们决定在视频中融入真实的家庭生活。

"我发现大家都喜欢看一家人在一起的那种有说有笑或者吵吵闹闹的场景，能够给他们缓解压力。"龚向桃不介意大家的评论，因为这就是她最真实的生活。

　　的确，当视频拍摄不仅仅围绕灶台时，人们也看到了真实生活中的龚向桃。做腊肉的视频就是龚向桃对生活的态度。做腊肉是四川农家人的看家手艺，龚向桃的手艺却是村里最拔尖的。以柏树枝叶加上柚子皮熏制，是她做腊肉的秘诀，为了做出最地道的腊肉，她通常会早早起来，到七八公里以外的山坡砍柏树枝。长势好的柏树大多长在半山坡上，但对手脚麻利的龚向桃来说一点也不难，不一会儿她就把一大捆柏树枝砍好了，满满一大筐的柏树枝压在龚向桃小小的身躯上，越发显得她娇小、瘦弱。没有片刻的休息，龚向桃背着捆好的柏树枝，折回在崎岖的山路上，她希望给观众呈现最地道的食物。龚向桃认真踏实、吃苦耐劳的品质也令网友感动。

　　相较于心灵手巧、勤劳能干的龚向桃，网友对包立春的评价却截然不同。在网友眼中包立春既好吃懒做，又有些贫嘴，于是经常为龚向桃打抱不平。但是随着一条条视频的发布，网友对包立春的看法也渐渐改变。

　　包立春从16岁就开始卖猪肉。成家后，他在县城农贸市场承包了猪肉摊位，每天基本上凌晨3点半就起床，匆匆洗漱完便骑着摩托车来到摊位，4点刚过，专门请屠宰场宰杀的新鲜猪肉便已经送到。一头生猪，包立春只需要10来分钟便可以完成剔骨分切。分切完后，就要赶往十几公里外的山村集市。每隔两天，他便要赶一次集，每次都要赶在天亮前把摊位摆好。上午赶集完，下午还要回到县城里的摊位继续工作。即便成了网红，包立春依然没有丢掉自己的老本行。

谈起视频走红，包立春坦言："什么网红不网红，只是多两个人认识你而已，根本没什么不一样。像平时该卖多少猪肉还是卖多少猪肉。"在网友的眼里，包立春虽然依旧粗枝大叶，但也不乏可爱。过去为龚向桃打抱不平的网友，也渐渐喜欢上豁达幽默、有些孩子气的包立春，甚至还拿他的一些小缺点来打趣。

"粉丝给他起的外号可多了，比如说什么包抠抠、不锈钢公鸡。"龚向桃打趣地说。

这对小夫妻的日常生活，成了网友们津津乐道的话题，而网友们也仿佛成了他们的家庭"纪检委员"，专门监督包立春。

"在网友的监督下，他已经改变了很多，有时直播的时候，我都会跟粉丝们说，我说你们要继续监督包立春，不要让他偷懒，你们不监督他了之后，他就不会做了。"在龚向桃心里，粉丝已然成了她的家人，她知道，不是自己丰富了大家的生活，而是大家改变了她的生活。

"以前我嫂子其实是比较自卑的，她总是说自己文化程度比较低，表现出来非常不自信。但是现在她变得爱和别人交流了，以前拍视频都是我来出点子，现在反而她成了导演。"包丽英对嫂子的变化感到很惊喜。

"现在我经济独立了，还认识了很多朋友。作为一个家庭主妇、一个农村妇女，能够赢得这么多人喜欢，我很开心，也很高兴，然后也更自信了。"看到自己的成长与变化，龚向桃自己都没想到，这是这几年拍摄视频的意外收获。

"以前让她这样做，她绝对不会那样做，现在按我们这里的方言就是'驼背滚阳沟'，不太听话。"包立春开玩笑地说。虽然他一如既往地以戏谑的方式调侃妻子，但在包立春的心里，还是非常认同龚向桃这样的改变。"以前她在屋里煮饭带娃儿，这个咋说呢？时间久了可能就会比较烦，但是现在生活比较丰富多彩，只是觉得现在她有点累是真的。"龚向桃和包立春都在对方身上看到了惊喜和改变，这是网友回馈给他们的，他们都在努力变成更好的自己。

✦ 不惧质疑

不同于其他许多短视频以搞笑、猎奇、美颜等方式博取关注，龚向桃、包立春的短视频记录的是简简单单的家庭生活，平淡中带着温馨与欢乐。视频里展现着他们对生活的热爱，也寄托着观众的缕缕乡愁。但有些时候，他们也会遭到网友的质疑。

龚向桃的视频都是由包丽英来拍摄，为了让画面更加精致，包丽英专门学习了摄影摄像技术。但是这种多角度分切的拍摄和剪辑方式，让许多网友觉得这是有剧本的摆拍。"他们在交流的过程中，我突然觉得我哥这句话说得挺好的，然后我又没拍到，我会让他再说一遍，其实并没有什么剧本、脚本那些，更没有照着剧本来演。这就是我们一家人的生活常态。"包丽英说。把真实、生动的内容呈现给观众，这是她拍摄的初衷，也是她坚守的成功秘诀。

成为网红的经历，带给了龚向桃和包立春不一样的人生体验，他们知道赞誉与质疑如同硬币的正反面。"我不在乎他们怎么说，但我知道自己要怎么做。"

与龚向桃努力地提升自我不同，包立春依然非常豁达。他还是会继续卖他的猪肉，依然定期去山里收猪。他说："虽然成了网红挣了钱，但还是要该干啥干啥，你像老百姓一样，他今年种粮食收得多，他明年不可能不种，对不对？只要还干得动，他就要种。"龚向桃接着说道："听老人说，一段路至少有三截是烂的，就像人生一样，所以当你走鸿运的时候，你千万该干吗干吗，因为人生一辈子太久了。"

## ✦ 打破瓶颈

随着越来越多的人关注龚向桃，他们的视频创作也遇到了瓶颈。为了让大家每次都能看到不一样的、新鲜有趣的内容，龚向桃不断挑战自己，希望给观众也给自己的生活带来更多的新鲜体验。孩子的想法、网友的留言，都会成为龚向桃美食拍摄的灵感

龚向桃做的钵钵鸡

来源。有时遇到不会做、甚至没有吃过的食物，龚向桃都需要提前学习和练习，成功后再拍成视频。

因为拍摄短视频已经成为龚向桃、包立春一家人的生活方式，全家人也因此变得更加欢乐，更有凝聚力。他们在用自己的正能量，不断影响着其他人。即便成为网红，他们的内心依然遵循着从老一辈人那里获得的质朴的人生观。

"以前卖猪肉，现在卖猪肉，以后还是卖猪肉。到我60岁的时候我就不卖猪肉了，我就出去钓鱼，骑个摩托车带着向桃，到处钓鱼。""我还是和往常一样，拍真实的东西，做真实的自己，帮助更多的人。"

拍摄短视频，让龚向桃和包立春的生活发生了巨大改变，但是他们知道生活的不易，自己有了一些能量，就尽量去帮助周围的人。他们积极参与许多公益活动，用实际行动关爱留守儿童。龚向桃说："希望孩子们好好学习，天天向上，希望我的一点点帮助能让孩子们的爸爸妈妈在外面不会有后顾之忧。"除此之外，他们希望通过自己的努力帮助其他村民共同致富。

如今，龚向桃和包立春特意来到荣县古文镇，这里的大头菜种植已经初具规模。龚向桃和包立春希望能够借助自己的影响力，让更多的人知道自己家乡的农产品。也希望通过自己直播带货，让这里的大头菜产业能够进一步发展，让更多村民可以在自己的家门口把产品卖出去，过上好日子。现在，他们有一千多平方米的库房，每天都有物流车辆进出库，销售额已近亿元。

　　互联网让龚向桃和包立春更好地认识了世界，也让更多的人认识了这对纯朴、欢乐的农村夫妻。龚向桃一家人，是新时代的受益者，从原本默默无闻，到返乡创业成功，他们幸运地获得了这样的机遇。梦想未必在远方，在龚向桃一家人看来，无论是否成为网红，只要用心去生活，努力去耕耘，在故土的田野上，一定能够绽放出灿烂的花朵。

龚向桃家的菜地

## 人物档案

姓　　名：徐亚冲

出生年份：1993 年

职　　业：古琴斫制非遗传承人

工作地点：河南省兰考县固阳镇徐场村

荣　　誉：当选兰考县政协委员，作为河南省非遗传承人代表多次接
受中央媒体采访及纪录片拍摄，在"振兴中国传统工艺清
华大学创新工作坊公益教育项目"创新大赛中荣获二等奖。

*"任何一门手艺，做到极致，也就成了艺术！"*

# 与"琴"结缘，小徐的别样人生

　　河南省兰考县固阳镇徐场村有"中国民族乐器村"之称，27岁的徐亚冲是村里最年轻的斫琴师。凭借热爱与坚持，以及精益求精的工匠精神，这个曾经辍学的叛逆少年，振兴传统工艺，传承民族文化，努力把泡桐树的资源优势和民族乐器的产业优势，转变成品牌优势，让兰考的民族乐器走得更远。

### ✦ 顽劣少年 —— 蜕变

　　"我辍学后干过很多杂活，但都半途而废，扛过角铁、槽钢，把钢板扛在肩上往上抬，干了一个礼拜就不干了。"十五六岁时的徐亚冲似乎已经习惯了这种漂泊不定的生活，在兜兜转转、逐渐沉沦的日子里，直到一个声音的出现，让他的人生就此改变。

　　"在2008年北京奥运会的开幕式上听到了一个琴声，是陈雷激先生弹奏了一曲《太古遗音》，可美了，当时就特别喜欢。后来一个偶然的机会，发现原来我们家在做的、村子里家家户户都做的那个琴，就是奥运会上演奏的那种琴。"徐亚冲兴奋地说。

　　20世纪60年代，为了防治风沙，焦裕禄带领兰考人民种下了大片的泡桐树，生长在沙地上的泡桐，木质疏松有度，透气透音，是制作古琴、古筝等民族乐器的最佳材料，全国90%的民族乐器音板都产自兰考。如今，民族乐器产业已成为兰考县的支柱产业之一，占据了全国民族乐器市场30%的市场份额，产品远销海外十几个国家和地区，年产值超过20亿元。

兰考县泡桐花开

北京奥运会上悠扬、空灵的声音究竟是怎么发出的，徐亚冲带着这个疑惑问了村里很多人，但是村里几乎没有人会弹奏古琴。

"这个声音是怎么出来的，没人知道。把一个琴完完整整地做出来了，但是没人会弹，大家还是把它当作一个产品在做。"徐亚冲十分不解，他认为只有内心热爱、用心雕琢才能做出好的古琴。

为了追寻心中的声音，徐亚冲求学的足迹遍布全国，但想学成一门手艺却困难重重。江苏扬州的古琴远近闻名，徐亚冲最后选择留在扬州的一家古琴厂当学徒。"师傅也会有所保留，只让我们去给古琴做油漆，木工不让做，也不让碰。木工、试音等关键环节我都接触不到。"这让奔着学习斫琴工艺而来的徐亚冲非常着急。

老师傅不会随便把看家本领教给学徒，这是这个行业大家心知肚明的规矩。每次师傅在屋里试音，徐亚冲就把桌子搬到师傅后面看，遇到不懂的地方就追着师傅问，后来师傅干脆搬到外面的工作台上干活了，徐亚冲仍旧默不作声地把自己的桌子也拉到外边去，依旧跟在老师后面问个不停。"老师后来特别无奈，他说亚冲啊，你就像个狗皮膏药一样黏着我，我是甩不掉你了，甩不开了。"徐亚冲笑着说，他一点儿也不觉得自己难堪，为了能尽早学到斫琴工艺，他厚着脸皮追着老师傅一学就是三年。

就是这份狗皮膏药似的执着打动了老师傅，徐亚冲白天给古琴上漆，研习斫琴技艺，晚上学习弹奏古琴，了解古琴文化。看到一块块木板经过开凿、多次退光、推光等工序的打磨，慢慢变得光亮和生动，最后成了一张张有灵性的乐器，也让徐亚冲这个曾经叛逆的少年慢慢褪去了浮躁，变得温润而沉静。

3年学徒期满，徐亚冲从江苏扬州回到徐场村，开起了琴坊，取名"墨武琴坊"，全部是手工古法制琴。他本想带动村中的琴坊转向高端精品古琴的制作，没想到，最先给他阻力的竟然是一直支持他的父亲。

## ✦ 工匠亚冲 —— 传承

在徐亚冲看来，古琴不能当作商品去做，而要当作艺术品去对待。所以，工人们做的工序就是开料、做琴坯。而挖腹槽、磨灰胎、调音等重要的工序，都是徐亚冲自己来操作。手工古琴的制作有200道工序，同流水线上每月千张古琴的产量相比，徐亚冲一年只能做30到50张，这可愁坏了父亲。

"你这个应该这样，得快点儿。"看着徐亚冲在琴坯上反复摩擦，父亲坐不住了，嘴里叨叨着。

"您别管了，我知道。"徐亚冲头也不抬地说道，仍旧有条不紊地做着重复的动作。

"你这个再弄薄一点。"父亲还是执拗地指挥着。

"我都说了，您不要弄，别弄坏了。"徐亚冲发现父亲偷偷动手，焦急地说。

徐亚冲研琴

"因为我要求比较严，每道工序都要做好，这个时候我父亲就会催，我经常告诉他别着急，欲速则不达。但是过几天他又会在我耳边提醒，还有一周了，还有三天了，这个时候我脑袋都要炸了……"徐亚冲苦笑着说。

一张古琴，在两代人的世界观里，有着截然不同的意义。对于父亲徐雨顺来说，要把琴尽快做好、卖出去，只有把钱攥在手里，他才能感觉踏实、安心。但对于徐亚冲来说，这是他为自己、为兰考的民族乐器向世人正名的最好机会。

"我有一个印象最深刻的事情，就是当年去卖琴，人家一听是兰考琴就直接说，不要不要，你们快走吧，兰考没有好琴。我说我的琴还不错，您看一下吧，但是最后连门都没让我进去。当时我心里就很失落，下定决心一定要把琴做好。"徐亚冲仍然忘不了当时被拒绝的滋味，也正是当年的挫败，让徐亚冲坚定了传承工艺、精耕细作的工匠精神。

既要亲手做琴，还要外出学习、参加展会，徐亚冲感到自己一个人实在分身乏术。该怎么办呢？徐亚冲想到了哥哥徐冰。与亚冲的叛逆不同，徐冰是父母眼中品学兼优的孩子。大学毕业后，徐冰在昆山一家公司做主管。对于弟弟徐亚冲的多次相邀，徐冰不以为然。他认为自己是一个新时代的青年，更应该学习一些尖端科技，到外面去探索一些东西。但是拗不过徐亚冲的软缠硬磨和父母的劝说，徐冰最后辞职从昆山回到了老家。

"当时家里的操作间还是一个小棚子，琴坊也没有装修，还是露天的，家里面也是乱糟糟的，我当时也是硬着头皮慢慢来，但是做着做着，就越来越喜欢琢磨古琴了。"徐冰，这个文艺青年所有的文学情愫在这里都找到了归依，他和徐亚冲一起斫琴、习琴、售琴，兄弟俩配合得非常默契。

"他现在完全能够从一张琴的木坯选材到制作完工、上弦、演奏完全没有问题，可以说我现在把家里面的事情完全交给他，我很放心。"徐亚冲很感激哥哥回来支持他的梦想。

"要把木头当作你的知音，你只有了解了它，它才能反馈给你，你不了解它的话，怎么做都是把它当作一个摆件来做，没有意义。"这是徐冰与弟弟这么多年一起做琴的心得。

古琴的品质是斫琴师与时间和细节的较量。在徐亚冲看来，日复一日的选材、打磨，百千万次的上漆、试音，就是他与每一张琴对话的过程。"小时候我爸让我回家当木匠，现在真的是应了我爸那句话，我确实成了一个木匠，而且成了一个有文化、有内涵的木匠。"徐亚冲乐呵呵地说。

在徐亚冲的坚持下，琴坊的生意逐渐有了起色，有一些顾客会不远千里地跑来找他买琴、制琴。古琴不再是一件简单的商品，而是一种文化的传承。

## 振兴工艺 —— 致富

近些年，随着兰考民族乐器的品质逐渐稳定和提高，名声也越来越好，越来越多的人开始认可兰考出品的民乐器。每年的寒暑假本是销售旺季，然而2021年夏天河南的暴雨阻断了交通，加上疫情反复，给村民们的线下销售带来了不小的打击。原先村民一个月能卖1200台，现在只能卖出800台。灾害过后，怎样快速恢复生产，把滞销的乐器卖出去，成了村里亟待解决的问题。

这天，村主任徐永顺决定找徐亚冲给出出主意。"你接触的人比较多，比较年轻，马上就"双十一"了，你看能不能想想办法，通过你的直播，帮村里的乐器带带货？"

直播带货并不是徐亚冲熟悉的领域。他平时的销售渠道主要是靠朋友圈宣传和老顾客的口碑推广。眼下电商销售季即将来临，徐亚冲盘算着这是一次机会，他决定找范慧敏取经。

范慧敏出生在隔壁范场村，是固阳镇第一批做电商的大学生。范慧敏从2011年开始组建团队尝试电商销售民族乐器，目前成为电商平台同类产品排名第一的"带货女王"。

"忙着呢？姐。我来找你商量点事，咱这边电商带货做得非常好，可以说是行业内的佼佼者了，我今天来想向你学习学习，想请你帮我们村带带货，销销产品。"

"怎么说呢，从产品质量到运营能力，包括直播老师的水准和后续服务，这些都得跟

徐场村新制古琴

上，不是说一两个人的事儿，都得靠一个团队共同努力。徐场村我看小规模的多一些，我可以去跟大家聊一下，反正是互联网时代挺好的，可以试一试，走吧，弟弟，我带你去看一下。"范慧敏热情地招呼徐亚冲四处参观，为他介绍直播平台的各项事宜。她告诉徐亚冲，兰考乐器能统一走出去，这才是大家共同的心愿。

在徐亚冲的邀请下，范慧敏决定先到徐场村给大家来一次电商知识普及大会。会上，大家纷纷提出疑问。

"付费是不是相当于买直通车？"

"对，性质是一样的。"

"个人号好做，还是官方号好做，还是企业号好做？"

"这个取决于内容策划，个人号的时间点可能开得早。企业号现在开得晚，以前入驻的人群本来就有一个流量红利期，目前大家都去玩企业号了。"

……　……

一个上午的时间，尽管范慧敏介绍了很多销售经验，村民们还是持观望态度。事实上，一些人自己也尝试过直播销售，效果都不好，甚至连一张琴也卖不出去。为了打消大家的疑虑，徐亚冲和范慧敏决定借助今年电商"双十一"活动来一次现场大练兵。

在直播后台，范慧敏请大家观看销售数据。"这是流量排行榜，人们喜欢哪个我们在后台就可以直接看出来了，现在直播间观看人数是107万……"最终当晚的交易额突破了120万元，这个数字让大家大开眼界，村民表示要多学习互联网，希望范慧敏能多开设一些课程，为大家普及电商知识。

近几年，在徐亚冲的带动下，电商营销活动让徐场村的古琴市场回暖，全村乐器厂65家，从业人员700余人，可生产20多种民族乐器，产值超过1.3亿元，人均增收6000元。而徐亚冲依然不敢懈怠，他又在心里盘算起了新的计划。

## ✦ 琴瑟和鸣——相随

在徐亚冲心里，不仅要让外面的人知道兰考乐器，更要让村里的孩子们认识民族乐器。只要有空暇时间，他都会和妻子一起走进校园，开展公益活动。

"古琴有三千年以上的历史，神话里就有这样的传说，伏羲削桐制以为琴……古琴的声音很小，但是它有很深邃的味道……"徐亚冲介绍道，"给孩子们上一堂这样的音乐课，我觉得这件事情很有意义，能与学生分享我们的民族乐器，感受一下这些美妙的声音，说不定在这些学生里还能走出来一两个像我当年一样喜爱民族乐器的。"

每次公益授课前，徐亚冲都会和妻子卫晨欣彩排好几次，根据不同年龄段的孩子准备不同的课程内容。课堂上，卫晨欣向孩子们介绍了古筝。"现在我们来感受一下古筝，古筝是不是有21根琴弦，4根绿弦，对吧？那我们来弹一下古筝吧……"一曲荡气回肠的《沧海一声笑》从卫晨欣的指尖上流淌出来，孩子们听得津津有味。"老师弹得可真好。""很动听，还想上这种课。"……看着孩子们沉浸在古琴文化里，徐亚冲很感激妻子这么多年对自己的支持与陪伴。

卫晨欣从小生活在城市里，是一位专业的古筝演奏老师。几年前到徐场村挑选乐器时，无意间听到琴房里飘出的琴声，如山涧清泉，潺潺流淌，让人心旷神怡，从此与徐亚冲开启了一段缘分。

一个喜欢制琴，一个专注演奏，在对民族乐器的交流和碰撞中，两颗心逐渐靠近。那时徐亚冲的古琴作坊刚起步，为了支持丈夫，她忍痛关闭了自己的音乐教室，来到徐场村。

小两口婚后的日子平静而幸福。谈起从城市嫁到农村，卫晨欣说道："到现在我家里人也有点儿意见，怎么就到村里去了呢。但是时间长了，他们也支持我了，觉得我在做自己熟悉且喜欢的事情也挺好的，我觉得很有意义。"说起丈夫，她一脸幸福："我觉得这

个世界很浮躁，像他这样执着、心思单纯，用心做事的人真的很少见，很踏实的感觉。"

"其实，任何一门手艺，做到极致，也就成了艺术！"徐亚冲自信满满地说。

"我们的古筝现在在业内已经达到了很高的水平，我们也有很多琴房能做出很高端水平的古琴，但是我们还有很长的一段路要走，而且我们会越走越好，未来会是一个往上跑的趋势。几百年上千年以后，能够让后人弹到徐亚冲做的琴，我的琴可以流传成百上千年，依然可以演奏，让大家认可兰考琴，知道兰考琴可以。"这是徐亚冲心中的目标，是他这么多年努力的方向。

徐亚冲和妻子的日子依旧忙碌而充实。闲暇时间，他们会合奏一曲。他们因琴结缘，志同道合，当琴声响起时，就会充满希望，未来的日子还很长，他们还有很多梦想要一起实现……

## 人物档案

姓　　名：姚慧锋

出生年份：1981 年

职　　业：宜丰县稻香南垣生态水稻专业合作社理事长

工作地点：江西省宜春市宜丰县

荣　　誉：获得"全国农村青年致富带头人"荣誉称号、第五届江西省"道德模范"荣誉称号、江西省"劳动模范"荣誉称号、江西省"优秀创业者"荣誉称号等。

"这些孩子长大以后，他对农民的认识慢慢地就不是冷冰冰的这种交易了，其实是带有温度和情感的联系的。"

# 姚社长的"新稻路"

　　他违背父亲的意愿，放弃在北京的高薪工作，坚持回乡务农。遭遇连续阴雨天，收割机一机难求，水稻减产，无数难题接踵而至，他都选择积极应对。创业路上总会遇到困境，他一路咬牙坚持，终于守得云开见月明，他成功地带领合作社走出一条发展新道路。

## ✦ "新稻路"，新危机：水稻倒伏严重

　　2021年9月，江西省宜丰县新庄镇南垣村。

　　中午的一场阵雨，来得急，停得快。雨刚停，宜丰县稻香南垣合作社理事长姚慧锋就急匆匆地赶往南垣村西边的稻田。在路上，姚慧锋便接到了合作社成员王武臣的电话。

　　"姚社长，在哪里啊？我这个田里，下雨天这几十亩地水稻都快倒了！"电话那头的王武臣火急火燎地说着。

　　"你别着急，别着急，我过来看一下。"姚慧锋听后一边安慰一边开车往王武臣家的稻田赶去。

　　王武臣是第一批加入合作社的成员，跟着姚慧锋一起种植生态水稻。现在正是水稻收割的当口，但连日来的阴雨天使得水稻倒伏严重。如果再不采取措施进行抢收，王武臣家这年的水稻就会大量

减产。当然受损的不止王武臣一家，其他合作社成员求助的电话也接二连三地给姚慧锋打过来。

当姚慧锋开车来到王武臣的稻田时，眼前金黄的稻子基本上全都横七竖八地瘫在地上。王武臣懊恼地和姚慧锋说道："看这倒伏得多厉害！都基本上倒伏大半了。按照往年，水稻在这个季节早割完了，不会下雨。"

"今年这个气候太反常了，一直下雨，"姚慧锋回应道，"本来谷价就不高，像今年这么弄的话，要挣钱就很难了。"姚慧锋背着手在田间地头走来走去，目光一直没有离开过那惨不忍睹的稻田。

"这个天气，要赶紧把水稻割了。"姚慧锋心里十分清楚，再不收割，合作社成员一年就白干了。"是啊！看一下这两天如果天晴的话，找台收割机帮我割一下。如果这样下去的话，真的麻烦，可能坏到田里面去了。如果田里面积水太多，到时候这个肯定都会发芽坏掉了。"王武臣看着那些倒伏的稻子说。

跟前的解决方案是有了，然而困难远未解决完，因为像王武臣家水稻遇到的这种情况不止一户。对于姚慧锋来说，只有找到更多的收割机，才能尽可能地减少农户们的损失。

### ✦ "新稻路"，新选择：放弃高薪返乡务农

收获季遭遇阴雨天气，姚慧锋面临的难题一个接着一个。这一边抢收还在争分夺秒地进行中，那一边他还要穿梭于各个晾晒场地，

督促合作社成员抓紧将收割下来的稻谷，趁着天晴间隙，晾晒抢收。

姚慧锋曾经是一家知名药企的销售代表。2012年，他从北京回乡创业，毅然选择了农业。他成立了宜丰县稻香南垣生态水稻专业合作社，并逐渐探索出了一种不同于父辈们种植水稻的方式——生态水稻种植。生态大米与普通大米不只是口感上的差距，更大的区别在于种植方式，前者采用纯天然有机的方式种植，不使用化肥、农药，其颗粒特点是呈细长型，透明，看上去很漂亮。

姚慧锋的生态水稻种植之路其实一开始并不顺利。由于不能使用农药、化肥，农户们并不相信可以种出像姚慧锋所描述的那种优质水稻，起初没

姚慧锋查看水稻质量

有村民愿意加入合作社。面对大家的质疑，姚慧锋只好自己先示范种了30亩。当时他想的是自己先种点地养家糊口。没想到第二年收获的时候，姚慧锋的生态水稻竟以高于普通水稻3倍的价格售出。村民们在看到这一情况后，纷纷找到他，想要加入合作社。

现在，姚慧锋已经发展了南垣村的80户农民加入合作社。眼下，他的当务之急，就是要抓紧时间，想办法协调收割机，帮助这些农户实现颗粒归仓。

## ✦ "新稻路"，新司机：亲自下田抢收稻谷

为了尽快帮助大家解决收割难题，最终姚慧锋顶着各方压力，买了两台二手收割机。由于缺乏农机手，尽管不算熟练，他还是自己操作起了机器。田里的水稻大部分已经倒伏，为了保住收成，需要农机手驾驶收割机，反复倒车，调整角度，这让原本就是新手的姚慧锋付出了很多的时间。

为了赶上收割进度，姚慧锋不得不逼着自己，努力地从一个新手成长为一名熟练的农机手。但持续的阴雨天气，导致田里的稻谷水分过高，再加上长时间的运作，收割机发生了堵塞。

"这个机器出问题了，你看一下，转不了了，你赶紧来。"姚慧锋拨通了视频电话，让负责收割机维修的技术人员看了一下。

不一会儿，技术人员来了。他过来一看便知道问题出在了哪里。"天气太潮湿的话，这个稻草最容易卡住机器了，要把它掏出来。我来看一下，应该是差不多了。"经过技术人员的一番操作，收割机恢复了运转。

最终，在姚慧锋的帮助下，王武臣倒伏在地里的水稻全部收割完毕。王武臣激动地向姚慧锋道谢："谢谢姚社长啊！这么难割都被你割完了。"

姚慧锋不仅帮王武臣收割了水稻，还给王武臣吃了一颗定心丸："等（稻谷）晒完之后拉到仓库去，价格就按以前谈的价格收。""好的，这次真的感谢你了，感谢姚社长！"王武臣不停地向

姚慧锋道谢。

抢收还在争分夺秒地进行中，随后的几天，姚慧锋不断在等待雨停、抢收、晾晒这几种工作中转换。姚慧锋说："农业是弱势产业，因为人的掌控性不大。你要它天晴，它又下雨；有时候

姚慧锋帮助农户收割水稻

你要它下雨，它又天晴。这个是没办法的。"

虽说"天命难违"，但姚慧锋还是在尽最大努力去完成抢收工作。由于水稻倒了之后收割机割得不是很干净，姚慧锋抽空便拿起镰刀去手割田里那些没被收割机割下来的稻子。他觉得农民一年到头种田，如果最后将稻谷浪费在田里，那太可惜了，于是便抱着"能捡一点是一点"的心态，自己动手补收起来。

待晾晒的稻谷收起来后，姚慧锋拿起一粒带壳的稻子边剥壳边说："看这个米，它这个谷子细长型的，包括它这个米，通透、透明，这个米就是好米，这个米特别漂亮。"这时的姚慧锋像夸奖自己的孩子一样夸奖着生态水稻。

不管怎样，姚慧锋总算是勉强闯过了抢收这一关。接下来，合作社就要开始收购这一季的稻谷，这在他心里又产生了新的担忧……

## ✦ "新稻路"，新担忧：和老王的轮番"较量"

为了保证合作社每年收齐稻谷，2021年，姚慧锋在政府的指导下，以农民合作社为平台，开展了生产合作、购销合作、信用合作三位一体的服务新模式。然而，并不是所有农户都愿意加入进来，合作社成员王姚辉便是如此。前一年因为市场的采购价更高，王姚辉就把原本应该留给合作社的稻谷，高价卖给了外面的采购商，这种情况让姚慧锋特别恼火。由于王姚辉还没有加入新模式，姚慧锋不得不上门敦促他，将今年的稻谷按时交到合作社。

"谷子怎么样？收得怎么样？"

"今年全部收完了。"

"产量还可以吧？"

"产量今年还可以。"

"今年我们这个价格比市场价要高了，你不要像去年一样把这个谷子卖给别人了。"姚慧锋直截了当地向王姚辉说明了来意，王姚辉也勉强答应了。因为姚慧锋前期向王姚辉提供了农资，如果最后收不到稻谷的话，这对姚慧锋来说肯定会产生一定的损失。

过了几天，经过抢收的稻谷被合作社成员陆续送到了仓库。眼看大家都将稻谷送了过来，而去年违约的王姚辉又没有出现，这让姚慧锋很不放心，于是不得不再一次来到王姚辉家。

"怎么今天收谷子，没有把谷子拉过去啊？那天不是跟你说好了吗？"

"姚社长，我这几天等着钱急用。你以前说的没这么快拿钱，我真的现在要急用啊！"

姚慧锋听了王姚辉的想法后也非常理解，因为他知道，农民通过农业挣钱其实挺辛苦的，而且收益也小。于是姚慧锋便决定特殊情况特殊处理，破例先付款，一次性收购王姚辉的所有稻谷。王姚辉听后也终于答应将稻谷拉过去。

虽然王姚辉答应了下来，但是为了避免类似事件反复发生，姚慧峰再次劝王姚辉加入自己正在实施的服务新模式。姚慧锋和王姚辉说："老王，是这样的，我们今年在推一个新的模式，这个土地经营权入股，整个过程你不用投入一分钱。你还有时间，反正你该做生意就做，该干活干活。这个土地经营权入股，它是一个基础，后面有供销合作、信用合作一整套这个模式让成本降低，让效益最大化，让农民的收益提高。"

"我就怕他是大户的话，先帮他割。下雨了，你们又不来。这样子呢，就很麻烦。"老王说出了自己的顾虑。

"你这个担心是没必要的啊！"对于王姚辉的顾虑，姚慧锋不厌其烦地耐心向他解释着。功夫不负有心人，在土地经营权入股合同签订当天的现场，王姚辉的身影出现了。出乎姚慧锋的意料，王姚辉答应了加入他提出的新模式，并保证明年会按照协议的规定，将稻谷卖给合作社。

## ✦ "新稻路"，新方向：稻田研学活动受认可

收割接近尾声，姚慧锋特意留下了一块稻田没有收割，因为他打算用这块稻田来开展研学体验活动。在他看来，真正的生态农业不仅是生产的生态，还有生活的生态，更是精神的生态。

姚慧锋为什么会有开展研学体验活动的想法呢？他说："你看现在这个农村，在田里干活的大都是60多岁、70多岁的人，50多岁以下的都很少。那再过5年、10年以后，谁来种这个地呢？这是一个很大的问题。"姚慧锋的担心不无道理。

开展农业研学体验，是姚慧锋2021年新规划的发展道路，他打算利用当地优美的田园风光、丰富的自然资源以及特色的农耕文化，让来到这里的孩子们体验生产活动。姚慧锋希望把整个农耕过程还有稻米文化展现给这些小朋友。

再过一周，合作社的首次农业研学体验就开始了，为了保证效果，近期一有时间，姚慧锋就带着家里的孩子们在田里做起了测试。但计划中的农业研学体验最后能不能达到理想的效果，姚慧锋心里在打鼓。

研学活动体验当天一大早，姚慧锋就来到市场采购，因为合作社将迎来第一批研学活动的体验者，他需要准备40个人的午餐。

今天的体验要使用镰刀收割，这让姚慧锋一再向小朋友们强调注意安全。"镰刀很锋利，所以你们一定要小心！然后割的时候呢，握住这个稻草，你这个割的镰刀离手一定要远一点，知道吧？都听

好了吧。"姚慧锋再次向孩子们强调着割稻谷的要领。

"听好了!"孩子们异口同声地回答道,他们已经迫不及待地想要体验割水稻了。

为了使体验达到更好的效果,姚慧锋也是拼尽了全力,耐心指导着。

"你的手反了。你看,这样握,看到没有?""手这样,你这个错了。""等下你怎么打(稻谷)?等下你怎么脱粒?""太短了,对吧?你这样握在这里,等下你的手就伸进脱粒机里面去了!注意安全啊!"姚慧锋在现场一个个地教孩子们如何割稻和脱稻。

活动现场的气氛十分热烈。刚刚上手割水稻的孩子们,有很多不熟练的地方,现场的家长们有点着急,一个个跃跃欲试,有些也干脆加入了进来。

"我来试一下!等我来!对不对?"有的家长也是初次体验,手生得很。

"这样子握的,是这样反着的。"姚慧锋给家长做起了示范。

对于从农村走出去的城市人,这种体验的机会让他们仿佛也回到了自己记忆当中的童年。姚慧锋希望打破人们走出农村这一旧观念的想法,在这场体验活动中得到了共鸣。有个家长对姚慧锋返乡务农的选择深感佩服,动情地说:"可能我们更多的人还是向往出去,还没有这样的气魄和胆量回来,但是又觉得要带孩子来知道粮食是怎么来的,生活是怎么来的。"

经过两个小时的体验,孩子和家长们逐渐进入了状态。从家长、小朋友的参与度和反馈来看，他们对姚慧锋组织的这次研学体验活动认可度颇高。但姚慧锋并不十分满意，他觉得前段时间忙于秋收，这次活动准备得还是太过仓促了。

姚慧锋在活动结束后意味深长地说："这些孩子长大以后，他对农民的认识慢慢地就不是冷冰冰的这种交易了，是带有温度和情感的联系的。"

历尽艰辛的生态水稻抢收季，即将告一段落。姚慧锋克服了雨季的影响，合作社最终以产量2000吨、产值超600万元的成绩，圆满收官。同时，他也推广了三位一体的新模式，并且迈出了研学旅游的第一步。姚社长的新"稻"路走得并不太平顺，但世上所有的上坡路都不是那么好走的，相信姚社长走过这段上坡路后，一定会在顶峰喜看稻菽千重浪。

姚慧锋举办的研学体验活动现场

## 人物档案

扫码观看纪录片

姓　　名：杨安仁

出生年份：1992 年

职　　业：贵州鸿发生态农业科技有限责任公司董事长

工作地点：贵州省黔南布依族苗族自治州独山县

荣　　誉：2021 年被共青团中央、农业农村部授予"全国乡村振兴青
年先锋"称号，2022 年获得"大国农匠"全国农民技能大
赛创业创新类一等奖，2023 年获得"中国青年五四奖章"。

*"世界油桐看中国。"*

# 又见油桐花开

温润的亚热带季风吹过贵州最南端连绵的青山，洁白的油桐花瓣在风中起伏，素雅而曼妙，装点了整个村庄。美丽的油桐花，给这里的百姓带来了芬芳，也带来了希望。

## ✦ 逆境中走上的创业路

这天，正赶上贵州省黔南州布依族传统的小年。傍晚时分，村民们喜气洋洋地聚在一起，一顿丰盛的年夜饭马上就要开始了。这顿年夜饭，不仅是为了庆祝小年，同时也是油桐种植基地在村庄里的这帮"员工"的庆功宴。油桐收获的一年，村民们的脸上挂着掩藏不住的喜悦。"今年挣钱比较多一点，准备给小孩结婚了，总共赚了11万，油桐挂果了，还要分红给我。"两年多来负责打理油桐种植基地的周合忍开心地说道。为祝贺老乡家即将举办的婚事，油桐公司还专门送来了一台冰箱作为礼物。

这番欢乐的景象，源自此前回来了一个名叫杨安仁的年轻小伙。村子里这一年大获丰收的油桐产业，正是杨安仁的创业项目。这晚的年夜饭，本来杨安仁也该在场同乡亲们相聚，可刚好县里开两会，刚当选独山县政协委员的杨安仁，此刻正在县城的会场上。

　　"全中国所有油桐的良品品种都在我们手里面。以前至少有80%是不挂果的，现在我们单株产量已经超过105公斤，95%以上的挂果，亩产收益最高的已经超过了1万元……"会场上，杨安仁掷地有声地说道。

杨安仁参加独山县政协会议时发言

　　生长在独山县本地的杨安仁，回到家乡已经一年多了。他的目标很明确，用油桐产业的新模式，带动周围的乡亲们增收致富。杨安仁设想着通过"荒地入股"的方式，集结村民的力量，把油桐产业在村子里发展起来。在这种生产经营模式下，村民们既是这片土地的主人，又是技术工人，同时还是一个投资者，成为三重身份合一的"新农人"。

　　回想起自己的创业历程，杨安仁依旧十分感慨。2008年，杨安仁的父亲遭遇了严重车祸，同时正赶上金融危机，家中的生意也遭到重创，几乎所有的经济来源全都断掉了，还负债严重。面对生活的变故，高中毕业后的杨安仁没有选择继续上大学，而是一心想着赚钱，以帮助家里分担巨大的经济压力。被迫放弃学业的他从这时开始，认真地规划起了自己的创业之路，并很快将目光聚焦在油桐上面。

油桐是我国重要的战略资源，也是原产自我国的四大木本油料植物之一，用油桐压榨出的桐油含有桐酸，而这种物质至今都无法人工合成，耐高温、防水、防腐，这是桐油最大的特性。几年前，国内桐油年产量8万吨，需求量高达18万吨，需求缺口较大，这让一家三代做桐油加工生意的杨安仁嗅到了商机。因此，杨安仁下定决心，靠着银行贷款和变卖旧产业的资金，流转了8000亩荒山，开始规模化种植油桐。

2013年，杨安仁和团队初建的油桐种植基地形成一定规模之后，在日常的经营实践中，他逐渐意识到掌握专业性系统化知识的必要性，于是有了再次尝试考大学的念头。尽管渴望踏入大学校门，但远离了校园几年的杨安仁起初还是比较忐忑，对自己能够考取的分数并没有十足的把握。为了实现这一目标，杨安仁集中复习了一段时间，一心用在了备考上，最后杨安仁的成绩幸运地超过了分数线4分。

在鲁东大学的进修深造，让杨安仁对油桐种植和农业产业发展有了更加全面和深刻的认识，他说："以前的想法就是这些果收回来压榨再卖出去，但是对于整个行业来说，很多领域都是需要它的，现在产量很少怎么办，那就一定要根据最终的需求来做。"带着所学的知识和理念，杨安仁迫不及待想回到家乡，投入自己的事业之中。

## ✦ 攻坚又克难的荆棘路

"老师，辛苦，辛苦。"车站的出站口外，杨安仁赶忙迎上前去。

刚赶路前来的这位老师叫陈益存，她是中国林业科学研究院亚热带林业研究所（简称亚林所）特色林木资源育种与培育方向的研究员，油桐是她主要研究的树种之一。从2017年开始，为了保证油桐抗病品种的精准选育，她每年都要定期过来几次。对于杨安仁来说，陈益存这位老师更像是一位家人，一位与其并肩攻克难题的战友。

杨安仁与陈益存的结识，是由于一种叫"枯萎病"的传染性植物疾病。目前，全球60%规模化种植的油桐林遭到了枯萎病的感染，其带来的破坏和损失是难以估量的。杨安仁介绍道："枯萎病就是一个从土壤里面来的菌类，然后进入树木里面就堵住了它整个维管束，就像我们人的食道被堵住了，啥也吃不了，一株发病的话全林全部死亡。"杨安仁与林科院团队合作，共同建立起油桐的种质资源库，就是为了解决这种植物疾病带来的困扰。

当前我国有近80万公顷规模化种植的油桐林，被枯萎病感染的面积也超过了半数，而这其中就包括杨安仁家的那片山地。杨安仁说："初次发病是在2013年，2015年左右成片的林子全部死亡，后来才意识到这是枯萎病。"看着自己的心血化作了一片荒芜，那时杨安仁的内心是近乎崩溃的。杨安仁的油桐林在发病时，正是长势特别好的几年，本以为能很快偿还债务的他，面对着来势汹汹的枯萎病却束手无策。与此同时，公司长期的管理漏洞，也如感染了枯萎病一般迅速蔓延，一时间巨额的债务再次压在了杨安仁的身上。

"最多时有八九百万的债务吧，要去解决公司这么多人生活的问题，每年还要偿还这么多的利息。"杨安仁叹息道。

本来计划走下荒山，在都市里重归理想的杨安仁，面对着重重压力，无奈地搁置了自己原本的想法，用双肩同时挑起了学业和家业。他尝试泡在学校的实验室里，寻找对抗枯萎病的办法，却没能收获明显的进展。走投无路的杨安仁，在2017年的正月初六，鼓起勇气试着给时任亚林所第一书记的汪阳东发了一封邮件请求帮助。面对国家级的科研机构，杨安仁并不知晓自己的请求是否会有

杨安仁团队和陈益存研究员在山间考察

回应，不过很快的时间之后，他就迎来了命运的拐点。

很快，正月十六，汪书记就带领亚林所的科研团队来到了这里。陈益存回忆，当时看到这一万亩的林子非常壮观，但大片的林子死亡又让她心里很不是滋味儿。一方面，她对林木资源十分珍惜，另一方面，她也深知这对于眼前这个青年是何其沉重的打击。了解了杨安仁创业前后的全部经历后，陈益存感慨地说："就是小杨身上巨大的压力，也同时成就了他，他挺过来了。"

亚林所在杨安仁最需要帮助的时刻，伸出了宝贵的援手。亚林所通过对杨安仁公司的油桐种植园进行长期科研检测的方式，一方面帮助杨安仁寻找治除枯萎病的方法，另一方面也在这里组建油桐种质资源库，形成一个主攻油桐的科研基地。杨安仁和共同创业的伙伴袁旭说："林科院就是我们的救命稻草，非常感谢亚林所这些年的支持，没有他们支持的话，我们是转变不过来的。亚林所的专家就是我们的第二父母。"说到这里，一贯坚强的杨安仁也抑制不住自己心中激动的情绪，有些哽咽。袁旭说："以前从没有看到他哭过。"

经过林科院和杨安仁团队的不断努力与通力合作，46万株病体林内，终于发现了13株存活体。三年多的科研监测，最终为他们选出了抗枯萎病高产株，攻克了这一世界级难题。杨安仁的油桐公司就此插上了科技的翅膀，实现了一路腾飞。杨安仁说："所以我们现在会不惜一切代价在科研上进行投入，我们深刻感受到，科技才是第一生产力。"

如今，在林科院的带领下，这里已经建成了全世界规模最大、品种最全、抗枯萎病能力最强的油桐种质资源库，库内现已收集来自全球 80% 油桐种植区的近 500 份油桐种质资源，并且还在不断地完善和补充中。林科院亚林所给杨安仁最大的帮助，莫过于帮他走出过去，也帮他走向未来。

## ✦ 为乡亲排忧的进取路

2月是油桐的育苗期，转眼就要到了。急于在家乡做出第一块优质苗示范地的杨安仁，已经与独山县百泉湖村达成了初步的合作意向。此前在县里的人才交流会上，百泉湖村书记岑天武听了杨安仁的项目介绍，他想到这漂亮的油桐花成规模地绽放，既能为村庄带来游客，还有利于村民增收，一下就动了心。

杨安仁团队在勘察地势后，发现这里特别适合打造家乡的第一个油桐抗枯萎病高产品种的示范基地。同时，百泉湖村是当地的旅游示范村，大规模的油桐花海能更好地结合旅游做项目推广，因此他想要追加开发面积。杨安仁向岑天武保证，将在这个基地试验用的油桐品种绝对是最好的。但岑天武心中也有自己的顾虑："村民心里面肯定有一本账的，他们现在还不相信这个油桐能带来这么大的效益。解开他们的心结，才能把老百姓的土地拢在一起，这还是有很大的难度。"如今，如何获取乡亲们的信任，成为油桐项目在这里起步的关键所在。

　　杨安仁深知，土地问题才是根本问题，没有土地的话，其他都是白说。这一天，杨安仁召集村民们一同参加关于油桐项目的商讨会。几年来，杨安仁早已记不清做过多少次这样的宣讲，但这一次，他尤其重视。杨安仁向村民介绍，油桐1株可以产大约200斤鲜果，1亩是42株，后期可能砍掉一半，剩余烘干好按4块钱1斤卖出，每株单价在400块左右。

　　然而，由于油桐的自然特性，需要3年时间挂果，5年以后进入丰产期。油桐在头3年的生长期内无法盈利的事实，引起了村民们的担忧。一位村民说道："这个油桐收入挺可观的，可是茶叶也是刚种下去，现在要重新种植油桐，又要耽误两三年……"

　　面对乡亲们的忧虑，杨安仁继续说："前3年的管理费用会超过3000块钱一亩，所有的开发资金我们来投入。你们劳动全部发工资，你们没有收益，我们也就血本无归。同时能够避开你们所有的农忙，油桐果成熟后掉到地上，大概可以放半年的时间。"岑天武书记也在动员着乡亲们，为了带领大家致富，他愿做这"第一个吃螃蟹的人"。这个风和日丽的下午，在两人的诚恳劝说下，很多村民都动心了。

　　村子里种茶叶的乡亲询问道："套种的话打那些农药对茶叶有没有影响？"袁旭告知："已经检测过了，影响很小很小。"在不影响茶叶品质的情况下，村民能够实现茶叶和油桐的双丰收，终究是一件好事。更何况，因为山区里有100多亩的土地地势特别陡，挖掘机没法进入完成开垦，因此种不了茶叶，而生命力顽强的油桐却

漫山油桐花开

可以种植，最大限度地利用了村里的种植土地。岑天武书记说："变茶农，又变桐农。"说到这里，乡亲们都笑了起来。

## ✦ 助乡村振兴的致富路

最终杨安仁在村里争取到了3000亩土地，这个面积超出了公司原来的预期。经过和团队一段时间的深思熟虑，杨安仁找到岑天武，答应了此前对方提出的增加3个点的要求。岑天武也舒了一口气："真的感谢你们，对我们村集体的壮大……"杨安仁接着说道："我们想在你们这里做一个示范点，希望第一年到第三年给出的这3个点，用来改善这些边缘户的生活。为什么要定3年的时间呢？因为不能培养懒惰的人。"扶贫要扶志，这是杨安仁和岑天武不约而同达成的共识。

为村民赢得了更多的利益，岑天武开心地笑了；而更加感到安慰的，是杨安仁。杨安仁想到自己困难时在他人的帮助下走了过来，现在情况稍微好一点了，一定要想着怎么去回报。此时的杨安仁，已经摆脱了年少时一心只为赚钱的小老板心态，而是努力向那些心系百姓的企业家看齐，设法帮助家乡的老百姓改善生活条件，提升生活水平。

为进一步贯彻科技兴农的理念，杨安仁和百泉湖村共同商议，与林科院合作在这里盖一座科研楼。签约刚一达成，马上引起了其他村、镇、县的关注，考察团一波接一波地前来百泉湖村考察项目。一年来，以吸引青年返乡创业为工作重心的独山县共青团，在了解杨安仁的项目和事迹之后，一直以他为独山县返乡青年模范人物进行大力宣传。独山县团委书记说："良好的产业发展，才能吸引更多的青年返乡，才能给我们群众带来真正的实惠。"

把土地留出来，老百姓去做主，实现共同富裕，如今这里的村民都对杨安仁的项目十分认可。一位乡亲欣喜地说道：

助力家乡父老致富的油桐果

"我们的房子改造了，以前根本改造不起。没种油桐时外面就是一片荒草，现在种了油桐，花一开，一片白茫茫的景色，我们喜欢呐。"

杨安仁感叹着自己的人生充满戏剧性，如果没有父亲当时的意外情况，也许自己不会走进油桐这个行业。如今，杨安仁的父母都为儿子取得的成就而感到骄傲。杨安仁心中则有一个更大的心愿，他梦想着未来有一天，长江以南不再有荒山。

因面对而收获，因收获而付出，因付出而广阔。杨安仁说："油桐是原产自我国的非常重要的战略资源，很荣幸不再是为自己做这份产业，而是参与到中国林科院的科研工作当中，一起为国家把油桐这份产业做大做强。希望未来能够实现，世界油桐看中国！"

科学助力

# 乡村新发展

## 人物档案

姓　　名：李建武

出生年份：1985 年

职　　业：湖南杂交水稻研究中心助理研究员

工作地点：湖南杂交水稻研究中心三亚南繁试验基地

荣　　誉：2020 年获第十一届"袁隆平农业科技奖"，2022 年被评为
　　　　　广州"最美科技工作者"。

"水稻栽培，没有种植经验可循，种植方法也不同，就好比带孩子，不同性格的孩子要采取不同的方式照料。"

# 扎根稻田，做一粒"好种子"

　　他是三亚南繁水稻试验基地的一名水稻栽培师，在三亚连续低温的天气下，他的杂交水稻顺利达到攻关目标。他在大学毕业后破格进入了袁隆平团队，作为团队最年轻的成员，他以恩师袁隆平的杂交水稻梦想为目标，决心扎根稻田，耕耘在南繁这片土地上……

## ✦ 破格进入袁隆平团队

　　"大家好，我们在三亚南繁的工作已经进入尾声了。大家可以看一下我们身后的这些稻子，金灿灿、齐刷刷的稻子，这样的效果符合我们的预期。要达到这样的产量，关键在于选种。选种要千里挑一，有的甚至是万里挑一。"这位皮肤黝黑的小伙子是湖南杂交水稻研究中心的一名水稻栽培师，也是袁隆平院士团队里最年轻的成员，他就是李建武。这一天，李建武来到位于三亚南繁的杂交水稻试验基地拍摄短视频。

　　李建武喜欢拍摄短视频。在工作之余，他经袁隆平同意后把老师的晚年生活用短视频记录下来，上传到短视频平台，原本只有少量粉丝的他，很快成为湖南杂交水稻研究中心的一个小有名气的"网红"。但他知道，他的粉丝们并不是喜欢他，而是喜欢他的恩师

李建武拍摄短视频

袁隆平。

"该写什么呢？写'建武存念'吧。"袁隆平掀起一本新书的扉页，亲切地问李建武。"这是大家梦寐以求的产量。"袁隆平坐在沙发上，拉着李建武的手，和他聊着工作，殷殷嘱托满含着对他的期待。

袁隆平晚年生活中的这些最平凡、最普通的场景，都被李建武像珍宝一样拍摄留存下来。他要为恩师留下最后的影像资料。

说到李建武是如何进入袁隆平团队的，还要回溯他的求学经历。李建武从上学起，经常听到、读到袁隆平的事迹，袁隆平在他的心中是一个神圣的存在。在大学期间，李建武想方设法见到了自己心中的这位偶像，并请求与他合影留念。李建武后来回忆说："我第一次见到袁老师的时候，心里特别紧张，跟他拍照时的表情也比较凝重。"

这个拍照时表情凝重的小伙子没有想到，时隔一年后，他再次和袁隆平见了面。2009年9月，李建武即将大学本科毕业，他在海南三亚的湖南杂交水稻研究中心南繁基地实习。这一天，袁隆平来到基地视察工作，此时正在田地里勤奋劳作的李建武引起了他的注意。李建武后来开玩笑地回忆说："那时候我的肤色比现在还黑，黑得发亮。袁老师看到我，可能心里想：这个人晒得这么黑，一定下田下得多，一定很勤奋。是我的皮肤使袁老师对我留下了好印象。"

袁隆平在田边随机向李建武问了许多有关杂交水稻方面的专业知识，李建武都对答如流。袁隆平对李建武的回答表示赞许，对这个小伙子的印象更加深了。

几个月后，在一次杂交水稻总结会议上，袁隆平再次关注到了这个皮肤黝黑的年轻人。因李建武所管理的杂交水稻产量高，原本

袁隆平水稻试验田

只收研究生以上学历的袁隆平团队破格录取了本科毕业的李建武。

自从进入袁隆平的杂交水稻团队，李建武就以袁隆平的两个梦想"禾下乘凉梦，杂交水稻覆盖全球梦"为目标，开始不断努力。此后十几年间，李建武在工作上也小有成就。2020年12月，袁隆平在海南三亚再次提出"3000斤工程"设想，即2021年起在南方8省开展双季稻亩产3000斤目标攻关示范。而李建武所管理的这块田正是3000斤工程中收获最早的一块早稻田。

袁隆平团队的杂交水稻高产攻关经历了一个漫长的过程。一开始是900公斤，后来是1000公斤，再后来又提出1100公斤的产量目标，而现在则立下了"双季稻亩产3000斤"的攻关目标。袁隆平动员全国的有关单位一起参与这个"3000斤工程"。为了激励团队创造出更好的成绩，袁隆平宣布拿出一部分奖金，在全国组织了杂交水稻的超高产攻关擂台赛。

作为袁隆平的得意弟子，李建武志在必得。可是在2021年1月，海南三亚遭遇了连续的低温天气，李建武所管理的超高产杂交水稻项目也因天气原因受到了不小的影响。对于这次擂台比赛是否能拔得头筹，他心里并没有底。

与一般农民可根据经验利用现代化的农业机械种田的情形不同，李建武面对的是每年几百个新品种，没有任何种植经验可循。且不同的杂交稻品种特性不一，种植方法也不同，也不能使用大型机械化的耕种模式。因此，在杂交水稻高产栽培实验项目上，李建武形象地把自己比喻为"杂交水稻的保姆"。他解释说："我们要从水稻开始播种起，即从育秧、移栽一直到后面的田间管理，从它开始发芽一直到收获，全程都要精细管理，精细到每一个细节。"

✦ 科技兴农的践行者

李建武从小在农村长大。大学毕业时，父母希望他找一个像样的工作，能够鱼跃龙门，不要再做农民，不要再与土地为伍、与农业打交道，但李建武还是坚定地选择了回归稻田。

很多人见了李建武团队都说："你们就像农民似的。"听到这些话，李建武并不觉得丢人，他觉得自己就是农民，甚至认为他们比农民还要辛苦一点。农民种田，插秧有插秧机，打农药用无人机飞一遍就可以了，都是机械化。但做科研，不能使用机器代替劳动，科研人员必须要凭着自己的经验去看，去实地调查数据，这样才能够掌握真实的情况。

李建武经常说："栽培水稻，没有种植经验可循，种植方法也不同。这就好比带孩子，不同性格的孩子要采取不同的方式照料。"

为了践行恩师禾下乘凉的梦想，李建武在忙着攻关

李建武查看水稻种植情况

杂交水稻高产目标"3000斤工程"的同时，还把自己研究的最新成果和经验分享给当地的农民。低温冷害、高温热害、病虫害等各种自然灾害都纳入了李建武团队的关注范围，他们为附近的农民提供了很多有针对性的治理方案。

这些年，因水稻收购价格低，1亩水稻纯利润不过几百元。很多村民都不愿意种植水稻，外出打工的人越来越多，如今村里只剩下一些老弱劳力。按照市场规律，如果水稻产量能够提高上去，利润就能提高，村民们就乐意留在村里种水稻。但村民们大多对提高水稻产量没有信心。李建武希望通过分享自己的经验和技术来提高种植户的杂交水稻产量，从而让更多的年轻人投入到农业生产中。

### ✦ 恩师已逝，前路还长

临近水稻成熟之际，袁隆平最关注的还是在湖南杂交水稻研究中心三亚海棠湾基地的杂交水稻。这次攻关能否如期完成袁隆平所期望的双季稻亩产3000斤？能否在超高产水稻擂台赛上一举夺魁？李建武决定提前测产。

李建武和同事们选取大田中的几块水稻长势均衡的区域，采摘下来几篼优质的稻穗作为小样，如此才能保证水稻测产的代表性，确定产量结构。他们先调查有效穗数和种粒数，一共调查三个点。

测产是每年收种前都要进行的预备工作。在测产过程中，不仅需要调查水稻的有效穗数，还需要数清楚采摘的小样总粒数、实粒数、千粒重等，这样才可以保证测产数值的准确。

调查的结果很快出来了：有效穗数约16.25（万每亩）。李建武很高兴，回去后立即给袁隆平的秘书打电话，告知调查结果，又拍了个照片发给他。李建武说："请您方便时把这个数值跟袁老师汇报一下，把大概情况跟他汇报一下。"距离超级稻进行现场测产验收还剩半个多月的时间，而现场测产是否会超过预测，李建武心里其实也没有底。

直播的时间也临近了。为了让更多人了解杂交水稻，了解湖南杂交水稻研究中心南繁基地的历史，李建武决定找在基地工作了几十年的同事陈秋香，说服他一起直播。陈秋香爽快地答应了。

经过紧张的准备，李建武的直播开始了。他把直播时间特意定在下午6时，希望网友在放学、下班之余可以收看自己的直播。

"欢迎大家来到直播间。今天是我们的第一次直播，可能会出现很多问题，可能有些知识我们讲得也不是很好，还请大家多多包涵，多多支持。我们首先给大家介绍一下南繁育种基地的情况。这个基地的杂交水稻实验是从1976年开始的。现在我请陈秋香老师给大家介绍一下20世纪七八十年代的杂交水稻育种情况。我们把画面切换给陈老师……陈老师，请您跟大家介绍一下，现在的南繁和您当时的南繁，在各个条件上面对比，有什么样的不同或变化？"

"好的，李老师。"陈秋香开始向大家介绍。

此时，直播间里的观众热情高涨，越来越多的人点进了直播间。短短几十分钟，观看直播的人次就已经超过了几百人。不少网友纷纷在直播间留言，直播的效果大大超出李建武的预期。

对于初次直播的李建武来说，这是践行袁隆平杂交水稻覆盖全球梦的一次全新尝试。这也让李建武对接下来的杂交稻测产充满了信心。

2021年5月9日，在三亚国家水稻公园示范点，李建武负责的超级杂交稻也迎来了2021年的第一次考试。经过选地块、量面积、收割、测水分、称重……李建武所栽培的"超优千号"超级杂交水稻开始测产。最终测产结果为平均亩产1004.83公斤，比预测亩产量多了100余公斤。

这个结果让袁隆平感到十分欣慰。然而，就在测产两周后的5月22日，恩师袁隆平溘然病逝。巨星陨落，举国同悲。带着恩师袁隆平未完成的梦想，李建武开始向超级稻的晚稻目标发起了冲

李建武直播现场

刺。他相信，只要脚踏实地，扎根泥土，禾下乘凉的梦想终将
实现。

　　如今，李建武每时每刻都忘不了恩师的殷殷嘱托："袁老师经
常说，研究超级稻，可以让广大农民朋友用更少的农药、化肥产出
高产优质的水稻，不仅可以解决中国人的温饱问题，而且还可以解
决全世界的饥荒问题，让全世界的人们都能过上好日子。"

　　尽管道阻且长，但李建武决心以一生的时间来接力恩师的梦
想，努力实现恩师的遗愿。

李建武与恩师袁隆平

## 人物档案

姓　　名：李建友

出生年份：1970年

职　　业：会泽县水产工作站高级农艺师、冷水鱼养殖专家

工作地点：云南省会泽县上村乡

荣　　誉：荣获2016年度曲靖市科学技术奖。

"一件事总要有人去做，如果是坚持一下就不坚持了，那这个事是永远做不成的。"

# "要让河里有鱼"

保护生态，让村民致富，让水清岸绿，让鱼翔浅底，让濒危鱼类重新游回江河，让高原山乡因鱼而兴，这是李建友心中生生不息的信念。几十余载春秋变换，他从未停下奔走的脚步，他坚定地守护在牛栏江边，他想，一定要让河里有鱼。

## ✦ 扎根家乡，从"不宜养鱼"到"河里有鱼"

牛栏江是长江上游金沙江的主要支流，也是长江上游水生生物比较丰富的一个地方。云南省会泽县上村乡位于牛栏江畔，资源优势得天独厚，是冷水鱼类虹鳟、鲟鱼的主产区。年产量五六百吨的渔场，上村乡就有4个，养殖面积达700多亩，（每年）总产量1万吨左右，产值含鱼子酱4亿多元。这一切的发展变化，离不开一个叫李建友的人。

李建友是当地远近闻名的冷水鱼养殖专家，从事虹鳟、鲟鱼养殖研究20多年，负责会泽县冷水鱼养殖技术指导。在李建友过硬的养殖技术服务支持下，上村乡用10多年时间发展成为冷水鱼生产基地。然而，20年以前，养鱼是当地人想都不敢想的事。会泽县地处滇东北高原，乌蒙山腹地，平均海拔2000多米，不适合养鱼是当地人的共识。"山也大，地也不好，又长不出庄稼。""看都没

会泽县上村乡

　　有看见过，也不知道养鱼……"这是当地村民对上村乡的普遍认识。

　　李建友是土生土长的当地人，据他回忆，年少时最大的印象就是肚子饿，从来没吃饱过。他说，上初中的时候，去学校要走20公里，一周两次，很多同学因为吃不了这个苦而辍学。为了不再像父辈一样过苦日子，努力读书、走出大山成了李建友拼搏的动力。1988年，李建友考入云南省曲靖农业学校，成了村里的第一个中专生。

　　中专毕业后，李建友进入迤车镇的农业部门工作。1996年，会泽县水产工作站成立，李建友便选择到水产工作站工作。而到水产站也是李建友的一次重要选择，当时他面临两个选择，一个是到乡镇去任职，另一个就是去农业局水产站，李建友觉得自己性格内向，更适合做一些技术工作。就这样，一个单位，一块匾，一个办公室，一个人，成了李建友当时的常态。"没有人，没有经费，渔业发展非常落后，当时也没有水产养殖。""莫说养鱼，见过鱼的都不多。"这是李建友对刚刚到水产站工作时的回忆。但是李建友认为，既然是工作，总要干出点成绩。虽然不敢奢求轰轰烈烈，但也要对得起自己。于是他买来书籍学习水产知识，还背上行李一个乡镇一个乡镇调研。最终，他决定在水资源丰富的坝子搞稻鱼养殖。虽然这一养殖方法低产，但也算起步了，冲破了"会泽不能养鱼"的思想误区。

"稻田养鱼较为简单，基础设施投入少，鱼苗投入少，但见效快，当年投进去当年就见效。"1998年，在李建友的建议下，会泽县者海镇建成第一家苗种场，以提供本地鲤鱼、草鱼鱼苗为主。到2002年，会泽坝子的稻田养鱼收获颇丰。"在金钟坝子发展了1万多亩的稻鱼工程，推广了稻鱼模式，并把会泽的稻田养鱼打造成了全省的一面旗帜。"这是李建友为村民交的第一份成绩单。

### ✦ 做大做强，从"养鱼致富"到"国际名片"

在会泽县发展稻田养鱼逐渐红火的时候，李建友开始琢磨在当地丰富的泉水资源上做文章，探索走冷水性鱼类虹鳟、鲟鱼养殖这条路。可是要想做大养殖，就得重新寻找合适的泉水，因为泉水流量的大小决定着冷水鱼的养殖规模。据会泽县上村乡党委书记顾光敏介绍，本地种植业传统的就是玉米、马铃薯，土地没有规模，山高坡陡谷深，产业发展非常受限。李建友想把冷水鱼产业做大的想法和当地政府不谋而合。那段时间，李建友不停地寻找合适的泉水。功夫不负有心人，几个月过后，还真让李建友找到了一处理想的泉水。"看到有那么大一股水，而且水温这么合适，当时心情还是非常激动的，因为这么大的水，这么好的水温，应该适合做一个大产业。"李建友现在回忆起当时找到泉水的心情还是非常激动。

2010年的夏天，李建友信心满满地请来投资商考察，结果却出乎预料。因为这个泉水每年夏季有三四个月是浑的，很多人来考察过，却始终没有人敢用这股水养鱼。看着流量这么大的泉水却不能被利用，李建友有些不甘心。于是，他用一年时间做了水体里面矿物质的检测、水温的监测，最后判定这个地方能发展。可是，当李建友兴奋地把这个好消息告诉投资商时，投资商依然不为所动。他们还是担心这个地方浑水的问题，没有人敢冒风险。

于是，李建友决定自己做。他瞒着妻子，偷偷向朋友借了20万元建鱼池做试验示范。"能养鱼，水资源又那么好，那么大的水，不用不是就资源浪费了吗！"李建友斩钉截铁地说。一年后，李建友的辛勤付出终于有了回报，他把鲟鱼、虹鳟养出来了，产量还很好，一年做了几亩就销售了几十吨。用李建友的话说："我们有这个底气了，因为农业讲的是看得见、摸得着。"

此时的李建友对上村乡的冷水鱼养殖有了更大的谋划，即引进一个在全国有影响力的大企业，一是带动周边冷水鱼产业的发展，二是促进老百姓的增收，形成一个大的品牌。在李建友的多方努力下，做鱼子酱的石振广最终决定到上村乡投资。石振广说起投资的原因，一是因为上村乡的水源好，养殖鲟鱼对水质的要求非常高，没有任何污染，水温要低，上村乡这种处于原生态的环境非常适合；二是李建友的大力支持，李建友水产知识比较丰富，在建造、养殖方面都给予了大力的支持。引进来，扶上马，送一程，李建友成了石振广在上村乡的黏合剂。如今上村乡700多亩的池塘里养着几十万条做鱼子酱的鲟鱼。

也是通过鱼子酱，许多国家的消费者知道中国有个地方叫会泽。会泽鱼子酱在国际市场上已经成为一张亮丽的名片。云南省

鱼子酱

会泽县农业农村局局长饶彦章介绍，现在这里的冷水鱼产量、产值多年稳居全省第一，这与李建友多年来倾心的付出是分不开的。

### ✦ 倾囊相授，从"河里有鱼"到"养鱼致富"

养鱼是一门技术活，为了防患于未然，李建友总是不定期地走访养殖户，及时解决他们养殖中出现的问题。张朝明是紧随李建友到上村乡养鱼的第一批人。这天，张朝明又把李建友叫到鱼池，请

他帮忙解决最近遇到的问题。

"小鲟鱼有一点小毛病，想请你看看，"张朝明将捞起来的鱼递给李建友，"这个是已经捞起来的，已经出血好几天了。"

"你捞几个新鲜的来看看，"李建友仔细观察，"这个暂时没有问题，应该是没有传染开，只是局部，有些体质差的就会有这个问题，等着上去剪开了再看一下子。"

凭着多年的养殖技术积淀，李建友初步判定了鲟鱼苗的病状，为了保险起见，不让养殖户受损失，他还是要再探个究竟。与张朝明一同回家后，李建友拿着剪开的鱼肚说："比较典型的两个症状，一个嘴唇四周出血，一个肛门红肿出血，这个就是典型的出血病，伴随着肠炎，肠子内部充血。要消毒，连续消毒3天，一次消毒4个小时，然后再喂一些止血的药，三黄散，同时喂一点大蒜素解决一下它的肠炎问题。"对于养殖技术，李建友总是毫无保留地倾囊相授。"好的，我会注意的。"张朝明冲李建友点点头。

李建友对养殖技术近乎苛刻要求的背后，是他过往失败经验的积累。2015年发生的一件事让他终生难忘。"45万尾的鱼苗，因简单的一个水霉病，死亡80%，后来又买了上百万尾的鱼苗，由于我自己的疏忽，又全军覆没了。这么多年做技术服务，动力在于什么？就是感同身受，每个技术研究细了，就是避免因自己的无知给这些养殖户、企业造成重大的损失。"

正是因为李建友对村民毫无保留，对技术精益求精的态度，后来李建友研究的集约化、高密度的流水养殖方式很快就推广开了，渔场从最开始建的10多亩，达到现在迤车镇流水池的100亩左右。

"上村乡的冷流水产业的水源主要依靠地下泉水，常年恒温在14摄氏度到16摄氏度，非常适宜冷水鱼养殖，通过我们的检测，水质是基本达到饮用水标准的，所以养出来的鱼，它的品质就非常好。"李建友对冷水鱼产业自信满满。

10多年时间，昔日默默无名的上村乡发展成为冷水鱼生产基地，会泽县冷水鱼产业"游"出致富新路子：2020年底农民人均纯收入达到18000元，光流转土地这一块就使448户受益，产业工人人均增收一年3万元以上。

## ✦ 排除万难，从"国际名片"到"生态恢复"

在上村乡，李建友没事就喜欢到江边走走看看。2011年，目睹牛栏江的珍稀鱼类资源正在减少，他感到忧心忡忡。"以前见得到的鱼很难捕到，甚至捕不到了，江里面这个鱼越来越少了。要把这个原种保育下来，把这个鱼变成一种人工养殖的品种，使这个物种不灭绝。"这是李建友给自己提出的又一个挑战。

说干就干，李建友开始找渔民和科研单位收集牛栏江的珍稀鱼类，并放在养殖场做试验。谈起工作的难度，李建友坦言："我们做的是基础性的公益研究，没有专项的科研经费，经费都是靠养虹鳟、鲟鱼赚钱。还有就是运输死亡，不适应试验环境的死亡，食性找不到的死亡，生病的死亡，每年都要花几万元或者几十万元去盯住这条鱼。"野生鱼驯养的每一步，李建友都走得很艰难。在问及中途有没有想过放弃时，李建友坚定地说："我身边的很多老师都劝我，让我不要搞，这个鱼没有人能够迁地保育养活的，你搞不了。但我这个人从来不信邪。"李建友先后采集了100多个珍稀鱼类品种进行驯养，许多鱼由于不适应水质、发生鱼病等原因相继死亡，目前只有30多个品种养殖成功，一些鱼的繁殖技术他仍在摸索中。"圆口铜鱼现在还没有繁殖成功，我们从2017年采集，采集的时候它还很小，今天看这个性征，在2023年圆口铜鱼就可以繁殖了。只要攻克了人工繁殖技术，就意味着这种鱼不会灭绝了。"看着圆口铜鱼的生长情况，李建友欣慰地说。

　　保护珍稀鱼类原种的种质资源，为长江流域的生态恢复提供优质的苗种，达到恢复生物多样性的目的，李建友感觉他离目标越来越近了。"近些年来，我们经常组织开展一些有利于改善牛栏江生态环境的增殖放流活动，并且成效不错。比如短须裂腹鱼的亲鱼放在牛栏江，过一年就可以繁殖了。裂腹鱼就是专门吃这个青苔的，放流进去它形成种群以后，把这个青苔清除了，可以解决这个水体，包括这个青苔腐烂造成的水污染。"从2014年开始，李建友驯养繁育的珍稀鱼类已经累计有500多万尾放归牛栏江。据他介绍，放流的苗种都是5厘米以上，成活率基本在90%以上，通过一些科研单位做资源调查的回捕，牛栏江里的鱼逐年增多，整个种群在逐步恢复。

　　如今，让李建友高兴的是，对牛栏江珍稀鱼类的驯养繁殖，他

牛栏江增殖放流

不再像过去一样孤军作战。在上村乡，曲靖市国家金线鲃水产种质资源场正在建设中，未来将有更多科研人员加入。"最领先的一些设施设备，加之我们现有30多个品种的种质资源，下一步对珍稀鱼类种业的研究、选育推进会很快，我们以前十年做的事，现在可能两三年就完成了。"李建友激动地说道。

"一件事总要有人去做，如果是坚持一下就不坚持了，那这个事是永远做不成的。"20多年来，李建友作为一个基层的农业技术员，从会泽县稻鱼养殖的尝试，到选定发展冷水鱼产业之路，并不断探索牛栏江珍稀鱼类的繁育，他的执着和默默付出，让水产养殖成为当地的富民产业，也使牛栏江的生物多样性逐渐得到恢复。

## 人物档案

姓　　名：王琦

出生年份：1967年

职　　业：中国农业大学植物病理学教授、中国农业大学植物生态工程研究所所长

工作地点：北京市

荣　　誉：2011年获得农业部中华农业科技奖一等奖，2015年被农业部授予"全国农业科研杰出人才及葡萄病虫害绿色防控创新团队"荣誉称号，2015年获得农业部中华农业科技奖二等奖，2017年被农业部授予"中华农业科技奖优秀创新团队"荣誉称号等。

"这个事我们不做就不做，一旦我们做了就要做到最好。"

# 让实验数据变为致富法宝

他是中国农业大学植物病理学教授，也是植物微生态科学家，更是一位妙手回春的植物医生。多年来，他奔走在田间地头，将实验室冷冰冰的数据转变成了农民发家致富的法宝。他有一颗赤子之心，以强烈的责任意识和家国情怀为国家战略的推动发展尽自己最大的努力。

## ✦ 回　春

内蒙古自治区乌兰察布市察哈尔右翼前旗。正值隆冬，1月的天气格外寒冷，室外已达零下17摄氏度。眼下，正是当地草莓收获的关键时期，来自中国农业大学的科技特派员王琦教授风尘仆仆一路从北京赶来，还来不及休息就先去查看根苗的具体情况。

"哎哟，这块儿比较重，一看这一行就差得有点多。这儿也是个问题啊，看这个症状，与病害关系非常大，你看这根长得就不好。"王琦一边小心翼翼地在大棚里观察，一边痛心又焦急地惋惜着，"现在这个苗简单说还没有封垄，再加上根腐病危害，你看这连着好几棵苗都没了。"

在他的身边，内蒙古乌兰察布市欣康源现代农业专业合作社社长刘国卿听着这话连连点头："这一片就是比较严重，大概是最开

125

始我们从外地买回来的种苗就带有一部分根腐病，种下去后就在土里传播开了。"

原来，根腐病的病原菌如果遇到合适的条件就特别容易存活，它们能在土地里一直生存繁衍，有的甚至能存活15年之久。这儿的草莓种植已经有五六年，根腐病这种土传病害每年都在积累，在这样的日积月累下，往后的情形可能会越发严重，当地果农为此忧心忡忡。

其实，草莓根腐病在全国各地均有发生，特别是在当地这种多年连续种植的草莓园中更是常见。病菌一旦扩散到整个园区，果农们只好用化学药剂给草莓治病。长久下来，这片土壤会逐渐板结，不仅农药残留越来越多，土壤肥力也难以支撑农作物生长。

面对这种难以避免又繁殖力顽强的病菌，闷棚技术和许多常见化学防治土传病害的防御方法都收效甚微，大家都心急如焚。

王琦给大棚苗种"诊断"

经过一番细致的现场考察调研，"主治医生"王琦给这种久眠于土壤中的顽疾开出了一个特别的"药方"——微生态制剂。

根腐病的防控方式看似有许多种，实则大部分方法都难以达到成效，目前能达到较理想效果的，只有微生物制剂防控这一种方式。"用生物制剂（微生态制剂）解决根腐病，再少施化肥，多用有机肥，目前来说这里的根腐病就能解决得很好。"王琦一边在地里观察一边分析。

"叶子上现在就可以把微生态制剂喷上啦，或者单独喷那个绿地康生物制剂。"观察过现阶段的草莓苗情况后，王琦耐心地给刘国卿介绍下一步的针对性使用方法。"叶部的问题在别的地方试验、示范过，解决得都比较好。"

微生态制剂即微生物菌剂，是一种将有益微生物经工业化培养发酵而成的活菌制剂。微生物资源丰富，种类繁多，可以开发为不同功能、不同用途的微生物菌剂，从而起到防病治病、改良土壤结构等作用。

依据王琦长期积累的经验，想要制作出品质优良、效果优异的微生态制剂，首先需要做的是在植株发病重的区域内找到健康植株。对此，王琦作出解释："我们认为那些存活在发病重的地块里面的健康植株，植株体表、体内的有益微生物比例比较高，因此有利于我们筛选获得有益微生物。"在找到符合要求的健康植株后，需要对健康植株的样本进行分析，如此就能够知道其中哪些类群跟植株健康的关系比较密切。

在王琦教授的研究基地里，精妙的仪器和瓶瓶罐罐等实验用品琳琅满目，王琦教授和他所带领的博士生团队通常就在这里进行提取、观察、分析、培植等工作。"这类菌株有两项功能，我们要做的是关于发酵工艺和制剂加工工艺的研究，要把这类菌株变成产品，以供大家使用。"

## ✦ 责　任

作为国家战略性新兴产业之一的生物产业，其微生态制剂虽与同期化肥产量和用量不能相比，但已经开始在农业生产中发挥作用，并且取得了不小的经济效益和社会效益。随着相关研究的深入和市场需求的不断扩大，植物微生态制剂已经出现规模化工业生产模式。中国农业大学植物病理学教授王琦就是真正将植物微生态制剂成果运用到农业生产中的科学家。

王琦的研究基地位于长城脚下，在中关村国家

王琦在学校指导学生实验

自主创新延庆园内。"搞科研这件事儿吧，用老百姓的话来讲，首先你得能坐得住'冷板凳'。"提起工作上的事儿，王琦笑了起来，虽然语气略带调侃，但他的眼神却很坚定，流露出内心的社会责任感。"这毕竟是一个高度的脑力劳动，所以从这些方面来说其实是比较辛苦的，但也是苦中有乐的。"

王琦是土生土长的内蒙古自治区武川县人，出身农村的他从小就立志要考上大学，改变自己和家庭的面貌。1985年，王琦以优异的成绩考入内蒙古农牧学院植物保护专业。毕业后回到家乡工作，让他对农业科技有了根本性的认知。

"我大学毕业后回到家乡工作了两年。从某种意义上，我就知道了我们的农业，还有我们的农村，是需要许多新技术、新科技的。"谈起刚毕业时的那段工作经历，王琦感触颇深，他觉得这短短两年的工作经历带给他十分重要的收获。"经过这段时间的工作，不仅让我对农业生产更了解，也知道了为什么要学习，为什么要做科研。"

从那之后，"植物保护"一词在王琦心中开始有了分量。

## ✦ 难　题

然而，让王琦忧虑的是，虽然微生态制剂在农业上的作用已逐渐被更多人熟知，但是这种新型制剂却因成本偏高，仍未在国内得到大面积推广。

在推广这种新型制剂的过程中，王琦发现，许多农户总是感觉用生物制剂会提高成本。但实际上，使用微生态制剂的目的是要把化肥和化学农药的用量降下来，其实相当于是把原来的栽培管理成本减去了一部分。

"原来的栽培管理成本减了一部分，再把生物制剂（微生态制剂）补充上去，实际上跟过去的生产成本是基本持平的，绝对不会高。"他耐心解释着这个道理，"我们觉得，连续把生物制剂用上几年之后，实际的生产成本还在下降。"只是，新产品的普及和推广毕竟需要一个艰辛而漫长的过程。对于王琦等人来说，做研究，是关起门来自己在家做的事情，但是想要将研究成果推广出去，的确很难。于是多年来，王琦坚持在生产一线调研和推广上都亲力亲为。

在福建省莆田市荔城区定庄村的一个农场里，王琦正带着他的团队来考察一片他的科技示范田。

"你看这叶子都卷了，有了病毒病叶子就长得不好。得了病毒病之后，光合作用会受到影响，整个植株就长不好了，那你的辣椒就不可能长好。"王琦仔细观察着田里的每一株植株，他弯腰站在一棵生病的植株前，心疼地捧着生病的叶片，仔细地观察着，然后跟这里的负责人，福建省莆田市荔城区西天尾镇兴德专业合作社社长黄德清仔细强调着微生态制剂的使用方法："一定要把有机肥跟微生态制剂结合起来使用，这两个组合在一起对解决连作障碍非常好。"

　　王琦和黄德清一边说着话，一边往种辣椒的片区走去。黄德清向王琦抱怨辣椒植株里经常发现病虫害，而且病害情况非常严重，让他感到很是头疼，想请王琦拿个主意。

　　王琦观察后，不慌不忙地询问："你这里面的病毒病是比较厉害，虫子飞得多吗？"

　　黄德清连连点头："虫子也有啊，辣椒最容易生虫，比其他的植株生虫还厉害一些。"

　　王琦告诉黄德清，一般来说，如果虫子多，就容易传播病毒。说着，他弯下腰来翻查脚边的一株生病的植株，一边看一边讲解着："比方这个，你看这个叶子，这就是有病毒病的症状了。"他小心地把生病的叶子展开一些，好让黄德清能看得更加清楚。黄德清也伸手小心翼翼地抓着叶子，边看边频频应声。

　　交谈中，王琦赞扬当地农户们保苗、壮苗的举措做得很好，并一再强调要把后期的病害防治好，尤其是病毒病的防治也一定要做

王琦帮农户解决辣椒缺素问题

好："特别是在这种板结比较严重的地块上，更需要保证植株根系发达。"他叮嘱黄德清，一定要让农户们多施点儿有机肥，同时要把微生态制剂结合起来使用。

与此同时，附近的农户们听说王琦来了，纷纷聚拢到田间来。王琦见到大家也很高兴，顾不得烈日当空，站在田间的空地上就开始给农户们"培训"微生态制剂的作用、使用方法和注意事项。

"给农作物用微生态制剂，有促生增产、防病抗病的作用。同时，也能把植株的抗冻害能力，以及高温条件下抗逆性提高……"带着碎花遮阳帽的农户大姐大妈们仔细地聆听着王琦的谆谆教导，齐刷刷地点头，脸上都洋溢着纯朴的笑容。王琦又就地取材，以脚下的辣椒地为例给大家详细解释："在辣椒上用了这个，辣椒的苗就长得好、壮苗，再一个也长得齐，就不会缺苗断垄……"

此外，王琦又告诉农户们，自己和团队近几年都在研究如何更好地解决连作障碍的问题，目前的微生态制剂已经可以对连作障碍产生很好的效果。

为了让在场的农户们学以致用，王琦团队中科技特派员许贺俊自告奋勇，手把手地教大家如何喷洒制剂。他一边亲身示范，一边为农户们详细地介绍："我们也要从背面去喷……正面跟背面全部都要喷上，因为植物的背面是有气孔的，就像人要喝水、吃饭一样，从背面喷有利于吸收，从而提高药效……"

多年来，王琦一直认为，让科技特派员走入田间，是对微生态制剂产品更有效的推广。在他看来，用科技特派员亲身演示的方式对农户们进行培训，跟农户、农场主面对面在田间地头交流，就如同给农户们吃了"定心丸"，更有利于将开发的产品推广好，真正在生产当中发挥作用，解决了生产当中"卡脖子"的技术难题。

## ✦ 丰 收

和一位农户并肩蹲在田间，王琦欣慰地看着眼前长得生机勃勃的花菜，听着身旁农户兴奋地给自己反馈使用微生态制剂的成效："叶茎的骨架比较大，花就开得大，产量就高……"

王琦团队在福建省莆田市荔城区田地里耕耘多年，给当地带来了不小的变化。

荔城区原先就是传统的蔬菜大县，在过去的生产、生活中，农户们一直使用的是氮磷钾等传统化肥，而在了解并购买使用了王琦团队研发的微生态制剂后，当地化肥农药用量减少了20%以上。

对此，福建省莆田市荔城区农业农村局党组成员蔡朝清高度赞扬道："以往的检测数据中，重金属含量还是有……自从用了生态制剂，我们的西红柿单价从1块钱涨到将近3块钱，给农民带来了非常大的效益。"

令王琦欣喜的是，在福建，除了蔬菜和水果，生物制剂研究成果也开始慢慢走入中草药领域。

和莆田市皮城区飞强农业专业合作社技术负责人蔡伟煌一前一后走在林间的小路上，王琦看着长得郁郁葱葱的龙眼树，还有其枝干上的铁皮石斛，连连点头称赞，他和蔡伟煌就龙眼树与铁皮石斛的栽培展开探讨。

"龙眼树基本上不受影响，还能保护铁皮石斛，这样的话龙眼树的施肥、管理等是不是更要加强？"王琦问道。

"对，都要定期维护、管理，它们是共生的关系。"蔡伟煌回答道。

近年来，由于人们对身体健康的重视程度不断提高，再加上铁皮石斛自身的优质药物属性，使得铁皮石斛养生成为一种风潮。莆田当地根据铁皮石斛属附生植物的生长特点，采取种植在当地龙眼树上的树栽法。因此，为龙眼树提供充足养分是保证铁皮石斛健康生长的关键。

王琦对这样因地制宜的种植方法表示赞同，但又有些担心："如果不加强对龙眼树的管理，那龙眼树的负载会比较重。"蔡伟煌点头表示，会定期下基肥并修剪枝条，既保证龙眼树养分充足，也保证铁皮石斛能吸收到充足的阳光。他告诉王琦，微生态制剂非常有效，通过近四五年的观察，他们发现植株的抗病能力有了很大提高，平时基本上不需要再使用其他的药剂。

此外，蔡伟煌还告诉王琦，用了他们研发的生物制剂之后，植株的整个根系都长得非常旺盛，根系发达，产量也提高了许多，从整体上算起来成本降低了很多，并且品质也有所提升，在连续使用四五年后，整个果园的生态环境也好了起来。"您看，我们整个果园的面貌都不一样了。植株的长势，还有它的旺盛能力、产量都有明显的提升……"蔡伟煌欣喜地介绍道。

在帮各处农田"把诊问脉"并考察过龙眼树和铁皮石斛的近况后，王琦又马不停蹄地赶到了武夷山市马枕峰茶业有限公司负责人周义青的茶园。早在2021年春天，周义青的茶园就在春播时节使用上了王琦的微生态制剂。

见王琦来了，周义青非常高兴，他一边带着王琦在茶园里四处视察，一边赞不绝口："生物制剂效果很好！我们现在按照您的要求，少药、少肥，比如插防虫螨，用生物螨，以螨治螨，以螨治虫等，既可以改变土壤的成分，又可以增殖茶叶的品质……"王琦脸上带着欣慰的笑容，频频点头表示赞许。

## ✦ 情 怀

从粮食作物到蔬菜茶叶，从果树到中药材，王琦的研究从未中止，改变农民生活的脚步从来没有放慢过。"植物医生"王琦及其团队守护的不仅是农民赖以生存的一方土地，更是百姓餐桌上的健康食品。

说起产品的价格，王琦淡然一笑，摇摇头说："这个产品卖多少钱，我认为这个效益太小了。"在王琦看来，农用生物制剂开发这个工作，实际上跟国家的战略是相辅相成的，生物制剂的开发相当于是"藏粮于技""藏粮于地"，跟环境改善、生态文明建设，减肥、减药等，都是一脉相承的。

这些年，王琦的脚步遍布南北，横贯东西。2019年，他的研究引起了韩国农业专家的浓厚兴趣。在韩国专家的邀请下，王琦和他的微生态制剂出现在了韩国的田间地头，实现了让植物微生态制剂"走出去"，受到国际认可。

对于微生态制剂研发这一事业，王琦表示，这是"一种情怀"。因此，每当他们取得一个新的成果时，团队里的每个人都非常高兴。"特别是把我们的产品用到地里以后，看到非常好的、明显的差异，甚至超过预期时，会非常兴奋，非常激动。"

"这个事我们要么不做，一旦我们做了就要做到最好。"从王琦教授的话语中，我们可以感受到他对这份工作越做越有信心，越做越来劲。

## 人物档案

扫码观看纪录片

姓　　名：茹振钢

出生年份：1958 年

职　　业：河南科技学院小麦研究中心教授、河南省杂交小麦工程技
　　　　　术中心教授

工作地点：河南省郑州市

荣　　誉：2014 年获得"全国杰出专业技术人才"称号及河南省科学
　　　　　技术杰出贡献奖，2015 年获得"全国先进工作者"称号，
　　　　　2019 年获得"新中国成立 70 周年河南省突出贡献教育人
　　　　　物"荣誉称号，2020 年获得第二届全国创新争先奖等。

"太阳，终归是要落山的！生命，终归是要停息的！我
不厌恶那太阳的坠落，只要撒尽它全部的光辉；我不畏惧
那生命的终结，只要使尽它全部的才华！"

# 老百姓的"粮财神"

茹振钢是一位小麦专家，为国家创造了巨大的经济效益，他是农民心中的"粮财神"，不但为农民增收打好了算盘，也为每一分钱的使用做好了规划。如今，茹振钢的足迹已遍布黄淮大地，总是在农民朋友最需要的时候，为他们送上能用、好用的科技指导。

## ✦ 心系麦苗，村民们的"定心丸"

"本轮强降雨造成河南省103个县市区，877个乡镇，300.4万人受灾。截至2021年7月29日，河南省全省农作物受灾1450万亩，成灾940万亩，绝收550万亩。"新闻播报着令人揪心的新闻，茹振钢满脸愁容地说道："这是真担心，真的担心，水要是一直下不去，小麦播种的季节就过去了，就会影响来年的收成。"眼下正是小麦生长的关键时期，河南省小麦产业体系专家茹振钢四处奔走，到各个生产现场进行考察调研。

虽然大部分田里的水已退去，但到达现场的茹振钢心里仍然五味杂陈。村民们看到茹振钢便走上前说道："当时这片田里的水大概有3米左右。房子全部都冲坏了，我们村890多人全部撤离，一个人都没有，回来以后都不认识了，街上的路都是淤泥。"

　　河南省卫辉市屯坊店乡是这次受水灾影响最严重的地区之一，如今，大多数农田都已经种上了小麦，但有极少数地块还是因为积水太深，人根本进不去。水利局负责人说："按补偿办法，大田作物补偿，群众都很满意，10月20日左右就把最后一批小麦大部分种上了，茹教授经常过来指导，还开了一个黄河论坛，在论坛上对治控区的小麦如何播种，选用什么品种，包括大型机械不再进行碾轧，不进田地，都给予了充分的指导。"

　　2021年，河南省受灾地区的小麦普遍比往年晚播种近一个月，本身已经突破了晚播的历史极值，可谁知播种后又遭遇寒流大风天气，老百姓没有类似经验，心里很着急。茹振钢拿起一株苗对村民说："这个是播种晚了，一是大风、二是低温，造成失水，苗太小扎根少还没盘好根，下面吸水跟不上，它就冻了，恢复很容易，没什么大问题，相当于擦了一层皮。"村民们听后忙问道："现在浇水好还是不浇好？"茹振钢回答："原则上浇了好，因为地下水充足，地表土疙疙瘩瘩的，根抓不住湿土，远水解不了近渴，少浇点水，地表和下面结合起来苗就长

2021年河南省经历特大洪灾，茹振钢深入农田指导灾后工作

好了。"听到茹振钢的话，村民们总算放心了。

　　小麦生产事关国家粮食安全，茹振钢要一块地一块地去把诊问脉才能放心。他发现，水灾过后农田变得坑坑洼洼，一些紧挨着原本应该在同一时期播种的小麦地，却因为积水程度不同，播种时间前后相差了30多天，这将给后期管理带来诸多不便。一位村民指着自己的田地说："这片地里的种子播种有十几天了，到这里面它一直地干不了进不了地。"茹振钢心急地说："我指导生产这么多年，还没指导过这样的，这是播种得最晚的麦子了，过小雪了，已经超出最底线了。最大的问题是它打下的麦子不好吃，结出的麦粒量够但是质量低，这种麦子它会发黏，不好吃，没有转化。像这种极晚播的，无论如何不浇它，一律不浇。"茹振钢继续解释说："要保证它活土入冬，让它赶快长，就不会是黏嘴黏牙的品质了。后期管理要注意的是抽穗以后灌浆期的病害，其他正常麦田病虫都会往晚播麦田聚集，这上面更要注意病害防治。这两个注意了，特晚播的一亩800斤收成在这里一点问题都没有。"茹振钢用手拍拍村民的肩膀，为大家开启了小课堂："今年是暖冬，土壤里的水多，那冷空气一次不可能让土壤里的水结冰，两次也结不了冰，只要结不了冰就能长……"茹振钢就是这样，每到一个地方就给当地农户吃下一颗"定心丸"，每走过一块麦田都会给增产增收带来新的希望。

## ✦ 信念坚定，"麦爸菜妈"并肩行

熟悉茹振钢的人都说，他就是一个把灵魂放进麦子里，用身体和精力与时间赛跑的人。茹振钢和妻子原连庄都是育种专家，他研究小麦，妻子培育白菜，他们俩被大家称为守护中国人餐桌的"麦爸菜妈"，而工作和科研就是他们爱情的"纽带"，两人在生活中常常互开玩笑，好不热闹。

有人曾做过粗略统计，在全国14亿人吃的馒头中，每8个就有1个来自茹振钢培育的小麦。他的百农系列小麦品种，累计种植超5亿亩，成果转化价值高达600多亿人民币。农民发自内心地称他

茹振钢是小麦育种专家，妻子原连庄是大白菜育种专家

"粮财神"，总说没有茹老师就没有今天的成绩。茹振钢骑着单车来到田间地头，顶着寒风酷暑给村民做指导的形象在大家心中萦绕。回想那时候小麦亩产800斤，现在已经1400斤了，村民们总说："他是全心全意为农民，心里感激他用语言也表达不出来，光知道好。"

今年64岁的茹振钢出生在河南省沁阳县（今沁阳市）农村，小时候赶上三年困难时期，全家8口人，大哥3岁时就被饿死，二哥因为长期吃树皮草根落下终身残疾。贫穷和饥饿充斥着茹振钢的童年记忆。让身边的人都能吃饱饭，是茹振钢最简单的愿望，而高考填报志愿时，老师的一番话更让他坚定了理想方向。

茹振钢回想与老师的对话："老师问我，你知道世界上最大的问题是什么吗？我说，是战争吗？他说不是。我说，是瘟疫吗？他说也不是，是地球的沙漠化。谁能够让沙漠变绿洲就相当于诺贝尔奖获得者，谁要是能把绿洲再变成粮川那就相当于几十个诺贝尔奖。年轻的时候我觉得还有这等好事？就这样去学农了。"

在百泉农专，现在的河南科技学院，茹振钢被当时赫赫有名的育种专家黄光正教授选中，开启了他作为中国小麦育种人的奋斗征程。这幢三层小楼就是茹振钢现在工作的地方，经常有人来这里参观学习。茹振钢介绍道："你看这个实验室是专门做香气物质研究的，这些年我们只注重提高产量品质改良，可没人从营养和风味去讲。这个实验室能把不同的风味基因聚集，我们的人工气候室一年五熟，有个电影《我还想再活五百年》，这还不可能。但通过提高速度，一年相当于五年，活一百岁相当于五百年；我们还有风洞，产生十级大风，通过狂风骤雨看你的小麦倒伏不倒伏；我们还把草和小麦结合，这个草携带了好多优良基因，把草的基因提取出来放在小麦上，秆子硬得很，牛吧！科技要把不可能变成可能。"

每次说起小麦，茹振钢都滔滔不绝，因为倾注了太多心血，他对小麦的那份情感已经到了不可自拔的境地。茹振钢总在夜深人静的时候，观察着花费多年培育出来的小麦品种，仿佛可以听到它们生长过程中那"嘣嘣嘣"的节奏感，感受到生长过程中的气息。那是生命与生命的对话，生命与生命的寄托、信任。

为了培育小麦，茹振钢带着团队做实验、搞研究，甚至还将艺术和美学的理念也融入其中。然而，由于他一年300多天都驻扎在麦田里，长期劳累落下很多病根，膝盖也因为积液严重快蹲不下去了。妻子原连庄说："他每天出来工作都精神饱满，说话有激情，但回家就不说话了，累得连眼睛都睁不开，坐在那里就不能有人打扰他，因为他的工作量实在太大了。"

茹振钢坚定地说："假如在探索中我成了病夫，我也要向前爬，爬到尽头。"妻子用支持的目光看着他说："假如你成了病夫，我会时刻伴随你左右，端茶端水到床头；假如你成了病夫，我会变为天使，陪说陪笑陪幸福。"茹振钢又说："假如在前进中我遇到了黑暗，为了事业，我会摸黑行走，我不愿做病夫，我要做强者，我要冲破黑暗，拥抱阳光雨露。"每当遇到困难，茹振钢和原连庄都会这样作诗来激励彼此。然而科研工作举步维艰，巨大的困难还是一度把茹振钢推向了崩溃的边缘。

### ✦ 突遇风雨，不能倒下的巨人

"想要发，种58。""矮抗58"这个品种，曾经是茹振钢最得意的作品之一，它被誉为"中国第一麦"。然而，很少有人知道，在这个品种问世之前，茹振钢曾一度抑郁，还差点自杀。当时的茹振钢心力交瘁，觉得全身的力气都用尽了，甚至在想是不是要告别这个工作。

过去，小麦高产易倒伏，矮秆易早衰，抗病抗灾能力弱等都是生产中常见的问题。2000年，茹振钢经过8年努力，终于培育出了一个理想的品种叫"百农矮丰66"，可就在进行推广的时候，天却

实地调研，为小麦种植户加油鼓劲

连降大雨，让原本表现良好的"百农矮丰66"品种出现了成片的死亡。雨从9月中旬一直下到11月上旬，各地的老百姓纷纷给茹振钢打电话，希望他去看看。茹振钢用尽最后的气力培育成这样一个即将成功的品种，却遇到了大麻烦又找不出原因来，他没有能力也没有时间再重来一次了。那段时间，茹振钢仿佛走入了科学的迷宫。茹振钢曾写道：我躺在病榻上，压得病榻嘎吱作响，我们都流着伤心的泪。

原连庄回想起当时丈夫的状态，十分心疼："他非常自责，对不起老百姓的感觉，后来精神就垮了，就那种一闪一闪的想要跳楼。一旦控制不了他就咬自己，把胳膊都咬得全是红印，想让自己冷静。后来医生说这是精神病的前兆，他整整喝了两年的中药，这中间别人都不知道，只有我们知道，一点不耽误工作，他去上班的时候就像正常人一样。"

茹振钢强忍着病痛，对一粒粒小麦进行了千万次的梳理，终于和团队一起发现"百农矮丰66"还存在水平根系不发达、不耐湿的短板，因此才没能经受住暴雨的考验。"原来的66根系很好，往下扎耐旱，但没有水平根，水平根是耐湿的，问题找到了，劲头就来了！"茹振钢的话语十分感染人。

发现水平根的奥秘之后，仅两年时间，茹振钢团队就培育出了抗倒抗病又高产的"矮抗58"品种，在全国累计3亿多亩的种植中，"矮抗58"至今没出现过一例大面积倒伏报告，不仅成为农民朋友们信赖的小麦品种，也为稳定我国粮食生产立下了汗马功劳。

随后，茹振钢团队又培育出"百农418""百农4199"，一举把我国小麦亩产量从1200斤增加到了1500斤。现在，茹振钢还打破小麦界限，将多物种遗传基因整合，正在向"新核杂交型"小麦发起冲锋。

"菜妈"原连庄站在菜地里，叫来茹振钢，手中拿着一棵白菜说："他用我的实践，我用他的理论，这产出的白菜咋这么漂亮呢！"原连庄又拿起另一棵白菜说："这个好吃，这叫'新乡小包23'。"

有人做过粗略统计，中原大地上每10棵白菜，就有5棵是原连庄培育出的品种，因为原连庄对白菜倾注了太多精力，茹振钢还一度把白菜视为自己的"情敌"。

这些年，夫妻二人相互扶持、比拼。茹振钢从原连庄设计的蔬菜大棚里找到灵感，把小麦育种搬进大棚，在家门口就实现了小麦加代繁育；原连庄则运用丈夫的小麦杂交新核型理论，培育出了许多蔬菜新品种。

原连庄拿起一棵菜说："这是白菜和油菜杂交的，现在我们资源越来越少了，要想办法创造资源，这其实比培育一个品种的意义更大。"茹振钢常说，敢梦想的人是疯子，敢把梦想付诸实践的人也是疯子，有时候两口子也得疯狂！两个"疯狂"的人经常感慨："科学无限，创造无限。"

## ✦ 一生守护，只为国人的餐桌

虽已年逾花甲，但茹振钢和原连庄依然冲锋在生产科研第一线，他们一路攀爬，一路耕耘，用生命和信念守护着土地，守护着中国人的餐桌。

两人互相搀扶着来到田间，茹振钢如往常般吟起了诗，望着太阳，他激昂地对着麦子朗诵："太阳，终归是要落山的！生命，终归是要停息的！我不厌恶那太阳的坠落，只要撒尽它全部的光辉；我不畏惧那生命的终结，只要使尽它全部的才华！"

## 人物档案

姓　　名：胡凤益

出生年份：1969 年

职　　业：云南大学资源植物研究院院长、教授，云南省多年生稻工
　　　　　程技术研究中心主任

工作地点：云南省昆明市

荣　　誉：先后获得云南省科学技术奖一、二、三等奖，获得"有突
　　　　　出贡献优秀专业技术人才"二等奖，获得"云南省农科院
　　　　　科技标兵"等荣誉称号；2022 年入选第二批敬业奉献类别
　　　　　"云南好人"名单。

*"这就是我们的使命，我们要带着这样的使命，去为云南的乡村振兴，为全国的乡村振兴做出自己的贡献。"*

# 多年生稻　梦想花开

一株野稻，打开了多年生稻研究的大门；一种多收，吹响了乡村振兴的时代号角；一生求索，书写了二十年如一日的稻田守望；一脉相承，传承了现代农科人的使命担当。

✦ *胡凤益和他的多年生稻*

云南省玉溪市元江县南洒村。

又是水稻丰收的季节，漫山的梯田里，满眼是绿色、黄色和黑棕色。绿色与黄色、黑棕色的界限很是分明，分界线是四五个排成一排，拿着镰刀，戴着遮阳帽的农人。绿色是待收割的水稻，黄色是一垛垛已经脱粒的稻草，至于黑棕色嘛，是水稻被收割后露出的一代代辛勤的农民耕耘出的肥沃土地。

"板子还没摆好！"不远处两个中年男子一前一后，用一根胳膊粗的木棍扛着脱粒机往田里走，走在前面的这个男子一副典型中国中年男人的样子，圆脸、戴一副黑框眼镜、微微鼓起的肚子……他没做什么防晒措施，亦因为常年在田间地头的缘故，皮肤黑里透红，看起来十分健康。非要从他身上找什么特点的话，那一定是他脸颊上浓密的络腮胡子，就像此时尚未收割的水稻。

他叫胡凤益，云岭学者，云南大学教授，他和他的科研团队从事多年生稻的研究已经20多年了。

"多年生稻是一种割了以后会像韭菜一样再长出来的水稻，种一次可以收两季、三季，收两年、三年。现在老百姓在那收的，其实就是第二季稻。"胡凤益放下手里的活，笑眯眯地解释道，"就像这户人家一样，如果用传统的种子种植，每年种子钱就要500块，但是他们现在种了我们的多年生稻，这个钱就省掉了，而且他们不需要犁田耙田，不需要插秧。他们基本上不需要来田里面干活了。"

每逢稻谷收获的季节，胡凤益和他的团队都要到田里来，查看收获情况，采集数据。这片实验基地是红河流域的一个示范点。最近几年，胡凤益和他的团队已经在云南的12个州市、76个县都建起了这样的基地，甚至在长江流域，也有这样的实验基地，可以说他们的实验示范基地已经在全国推广开了。

经过多年的试验种植，多年生稻的适应性、稳定性和丰产性以及病虫害防控等各个环节均获得了成功。目前，胡凤益和他的团队已培育出三个适应不同区域种植的多年生水稻品种，多年生稻产业也日趋成熟。

今天成绩的取得来之不易，在谈到推广经验时胡凤益谈道："我们农业技术推广的一种方式，就是把样板放到老百姓田里，让老百姓能够摸得着、看得见，最后有成效，他就会跟着走。"

## ✦ 坎坷的推广之路

道理说起来似乎很简单，但在 2018 年多年生稻真正开始在田间推广的时候却非常艰难。在当地普拉族的一个寨子里，老百姓的生活基本依靠水稻种植，多年生稻种植技术的推广，意味着要推翻他们坚持了几十年的耕种习惯，没人愿意拿自己的口粮来冒这个险。再加上当地多少数民族，语言不通，沟通困难，需要当地的农技部门派人进行翻译。云南省玉溪市农业科学院副院长杨进成说："由于当时农民对多年生稻的抵触情绪很大，胡教授就带着大家从景洪把米拿来，带着电饭煲把米煮熟请村里的长辈来品尝。"

正是靠着培训的时候，科研团队来煮饭；育种的时候，科研团队来准备种子，和当地农民一起做秧地，一起播种，胡凤益和他的团队逐渐取得了当地农民的信任。2018 年，在胡凤益的软磨硬泡下，南洒村的罗朋生接受了多年生稻，决定试种一年。

据罗朋生家的种植经验，多年生稻播种一次可以收两回谷子和三回草，在有限的土地上种植，完全可以满足一家四口人和牲口的食用需求。看似一切都在向好的方向发展，却还是出现了问题，村民们对胡凤益他们的悉心指导似乎并不买账，2019 年初，胡凤益最担心的事还是发生了。

2019 年 1 月，胡凤益和他的团队来到实验基地考察，发现多年生稻全部犁掉了。据当地人反映，多年生稻的产量确实很高，但是

胡
凤
益
和
他
的
团
队

口味并不好，拿到市场上去卖也无人问津，使得当地农民的收益受损。这对胡凤益来说犹如晴天霹雳，多年的苦心研究却在最关键的应用和推广阶段得不到老百姓的认同，这意味着团队付诸心血取得的成果还是纸上谈兵。

后来他反思道："从科学家的角度看，多年生稻无疑是成功的，但是不能说我们觉得这个东西好，老百姓就应该喜欢，老百姓有自己的评判标准，我们不可能一下子改变他们的习惯，而是要去适应他们的习惯，这样才能把你的新品种、新技术推广下去。"

为了了解清楚多年生稻在这里难以推行的原因，胡凤益团队开始到处走访，深入农村，和村民一起生活。最后发现，稻米的口感和稻芒的形状是当地村民们难以接受的。当地人喜欢吃的籼稻是长的，而多年生稻是粳稻，是短的；打谷子时乱飞的毛絮沾到人身上不堪其痒，也是多年生稻不受村民喜欢的原因之一。通过走访，胡凤益认识到，一个新的农产品的推广，除了技术本身，还要深入了解当地社会的发展情况，了解农民的喜好。

多年来，胡凤益团队在全国其他地区的推广大部分都已经成功了，越来越多的老百姓开始种植多年生稻。但在南洒村推广多年生稻未能成功成了他的心病。在这一带大概有400多万亩与南洒村类似的生态区，在南洒村北面还有新平县，南面还有元阳、红河。南洒村刚好处于整个生态区的核心区域，胡凤益的心中一直放不下这里，他想要在这一生态区域推广多年生稻，南洒村是关键，在这里跌倒，就必须从这里爬起来。

经过三年的不懈努力，胡凤益团队反复研究试验，终于改良了多年生稻的口感，研制出了新品种。时至今日，新品种的多年生稻在南洒村已经推广种植了500多亩。不仅如此，采集的数据也让人兴奋不已。据杨进成介绍，多年生稻在全省100亩以上连片稻田中的产量最高，这个结果是非常难得的。

多年生稻的梦想终于开花，获得成功，胡凤益团队喜极而泣。这是一份从绝望中走出的希望，也是对胡凤益超乎常人的毅力的最大褒奖。

### ✦ 坚守换来希望

胡凤益出生在云南省玉溪市的一个农村，他经历过贫穷的日子。1991年大学毕业后，他被分配到云南省农业科学院陆稻课题组。云南当地少数民族多，直到20世纪90年代他们仍然采用刀耕火种这一非常原始的生产方式。按理说这么落后的生产方式似乎没有必要再去研究，但是命运就好似同胡凤益开了一个玩笑，刚参加工作就让他研究一个随时可能会被淘汰的课题。在常人看来，这是一份没有前途的工作。

但是做农业科研，老百姓的需要才是指挥棒。曾有一位老乡对胡凤益讲："你不要想你科技人员怎么想怎么干，你要想我们农民需要什么，你就去做什么。"这句话深深地烙在了胡凤益的心里。在当时的云南，少数民族以这种生产方式耕耘的土地有100多万亩甚至200万亩，他们靠这种生产方式去生产、生存。

正如大家想的那样，没过几年，胡凤益所在的课题组遇到了资金问题，很多同事看不到希望，选择了离开，课题组也险些解散。到最后只剩胡凤益和他的老师陶大云先生留在了课题组。就这样，这一师一徒守住了课题组，一守就是7年。

守在课题组的7年，并非是毫无希望的。胡凤益说，其实当时国际上也有不少人在研究多年生稻，一方面是为了解决水土流失问题，另一方面也是希望多年生稻能作为偏远山区、少数民族地区的一项收入。但是以当时的研究水平，无论是在国外还是我们自己，都做不出来。

多年的守候，终于迎来了回报。1997年，陶大云从泰国创造了一批材料带回国内，即一个野生稻的杂交后代。这株杂交稻，为胡凤益打开了多年生稻研究的大门，也为如今的科研成果奠定了基础。"在自然界中，每种野生资源里面，包括野生稻，都具有很多我们育种当中需要的有利性状或是有利基因，但是受限于现有技术的发展水平，有很多东西是我们现在仍然无法搞清楚的。"

野生稻的保护和利用，是实现粮食作物生产方式由一年生向多年生转变的关键，这是一项"从0到1"的原始创新，少不了野外原位的保护，更少不了科研单位异位的保护。"先要让它活下去，先活下去，等我们技术成熟了，再把它有用的东西找出来。"胡凤益说。

✦ 一片野生稻

这天，胡凤益接到景洪市农业技术推广中心的电话，得知景讷乡曼散村发现了成片的野生稻。这个消息让胡凤益兴奋不已，第二天便启程前往曼散村。

依旧是阳光明媚的好天气，空气里满是期盼的味道，漫山的绿色挥舞着希望旗帜迎接胡教授一行的到来。

景洪市农业技术推广中心技术员胡建已在野生稻附近等候多时，与胡凤益一行碰头后简单寒暄两句便直奔这一片野生稻而去。云南丘陵的沟沟坎坎在此时的胡凤益看来已是一马平川了，只见他三蹦两跳便爬上一座七八十度的大陡坡，直到在坡上往前走了一段距离才意识到地势的险峻，直呼："这里是万丈深渊，掉下去怕是要粉身碎骨了，大象来了都要转弯改道的！"

又走了数十米，胡建示意那一片野生稻就在这里。胡凤益一马当先，踩着风火轮般向这片他期盼已久的野生稻滑去，险些摔倒。众人惊呼小心，他却摆摆手并不在意，双脚踩在淤泥中，双手轻轻地抚摸着这些野生稻穗。不多时同行人员都下到沟里，几个人拽着胡凤益的一只胳膊帮他保持重心，使他能离稻穗更近一些。

见到了这片野生稻，胡凤益焦急的心总算踏实了。他一边在保护植株的前提下小心翼翼地收集着种子，一边问自己的研究生是否见过野生稻，还拿出手机对植株样本进行拍照记录。这时他似乎又一次想起了安全问题，以开玩笑的方式提醒大家注意安全，说下面可能有蛇、有陷阱。

此时的胡凤益就像一个贪心的孩子，研究了20多年的水稻，他知道这片野生稻的发现意味着什么。

这无疑是收获满满的一天，胡凤益一边往回走，一边还不忘拍视频做总结："我们看到在香蕉地旁边的峡谷里，上面就是原始森林，这是一个新的居群。"

像这样的视频日记，是胡凤益自创的工作方式。采用视频的记录方式有其固有的优越性，声音、现场、图片，各种要素都有，在每段小视频里，胡凤益会将时间、地点、事件、有什么成效、有什么问题等要素都录进去。他还会把视频分享到群里，和全国的水稻专家一起探讨。胡凤益从不吝啬自己的发现，因为做科研不是闭门造车，这样的信息交流能让他的团队更高效。

高强度的工作节奏，胡凤益和他的团队早已习以为常，下乡回来就找个镇上或路边小吃店吃个中午饭，简单洗漱一番便继续赶往下一站。

"1991年，如果到西双版纳来坐大客车要走3天，现在只要7个小时就可以到。这一路上我都很熟悉，也算见证了我国30年来的交通发展和经济发展了。"坐在回程车上，胡凤益感慨道。

### ✦ 因材施教，教书育人

从西双版纳回到学校后，胡凤益马上安排团队成员对这次收集的野生稻种子进行妥善处理并记录其数量、质量、性状等信息。保存好种子，胡凤益就赶紧召集团队开会。

胡凤益在教学上有自己的一套策略，注重因材施教。他表示，对女生，讲道理要更多一些，讲希望更多一些；对男生则要求他们先去做，按照正确的方法做完以后再来讲道理。针对想继续读博的学生，就要从培养他们的研究能力去下功夫；针对读完三年研究生想要找份工作的学生，则培养他们创新创业的能力，并帮助他们树立正确的就业观。针对不同的学生，布置的任务亦有侧重。

胡凤益对待每一个学生都有独特的方法，他不仅是一位导师，更像一个家长，从学习到生活事无巨细，身体力行地影响着每一个学生。

如今，胡凤益和他的团队在西双版纳州勐海县勐遮镇试验田里栽种的多年生稻，已经连续采收了6年，12季。目前，云南已有12

个州市、76个县区种植多年生稻,累计种植面积约10万亩。在我国南方8个省,以及"一带一路"倡议沿线的老挝、缅甸、柬埔寨、孟加拉国、巴基斯坦、乌干达、科特迪瓦等国,多年生稻均有试验示范。

在云南大学农学院一间教室里,一堂"现代农业创新与乡村振兴"课正在进行。

"前面20多年,别人都说我们的研究是在种草,不是种水稻。从外形看,野生稻种在田里和野草没什么差别,一般人看上去根本没有什么希望。这个冬天我去看试验田里稻子的长势,本来还希望很大,但是因为一些原因,希望还是破灭了,所以我这个年都没过好。"教室里坐着的都是云南大学农学院2021级刚入学的硕士研究生,胡凤益讲述着自己的故事,只想让他们知道,做科研并非一朝

胡凤益在课堂上

一夕，一定要沉下心。

"过了节以后再去试验田，田里有点水，随着气温的回升，实验稻又长了起来，我心里一下子冒出一句古诗，'野火烧不尽，春风吹又生'，我们的实验稻就像我的胡子一样，刮了以后它还会长，永远刮不尽。每逢这个时候，我内心那种激动之情，真的是无以言表的。"胡凤益徜徉在课堂中，继续对学生讲述着他的经历："有时候科研就是这样，只能默默地付出，也许10年、20年，待到春暖花开时，美好终会如期而至。"

在这堂课收尾时，胡凤益对所有学生强调："我们的研究，就是要将我们的资源优势变成基因优势，将我们的基因优势变成技术优势，将我们的技术优势变成产业优势。这是同学们以后去到乡村搞乡村振兴要做的事。这就是我们的使命，我们要带着这样的使命，为云南的乡村振兴，为全国的乡村振兴做出自己的贡献。希望你们都成为我们的杰出校友，谢谢同学们。"

随着下课铃声的响起，教室里响起了同学们雷鸣般的掌声。

## 人物档案

扫码观看纪录片

姓　　名：阎岩

出生年份：1986年

职　　业：延安大学教授、陕西起源农业科技有限责任公司总经理

工作地点：陕西省延安市、铜川市

荣　　誉：2021年被共青团中央、农业农村部授予"全国乡村振兴青
年先锋"荣誉称号；2022年获得"2021年度感动海淀文明
人物"奖。

"继续坚持面向生产一线，以科技创新带动产业发展，
助力乡村振兴。让更多的科研人员，能够愿意投身到广大
农村中去。"

# 用科技助力中药产业发展

自从回到家乡陕西铜川创业以来，阎岩不仅以濒危稀缺及大宗中药材繁育、脱毒技术研发为核心，攻克了重楼、珠子参、半夏等濒危中药材的人工繁育和脱毒技术，有力保障了濒危稀缺中药材种苗市场的健康发展，还带领家乡群众发展党参和丹参种植，拓宽了农民致富之路。

## ✦ 喜人的成果

2021年是阎岩在陕西省铜川市耀州区试验种植丹参的第一年。在这之前，阎岩的团队用4年的时间，在铜川市宜君县实现了首个丹参种源、育苗、农资、管理、加工和收购的"六统一"，每亩产值近4000元，净利润2000元以上。阎岩也成了当地村民脱贫致富路上的引路人。

"中药材的种植，换一个产地，它的产量主要是品质、含量就会有比较大的变化。所以在准备推广之前，我们会先做一个试验，用严谨的设计，还有精确的数据采集，拿到最可靠的数据以后，才有底气让农民去种这个东西。"阎岩介绍道。

丹参收获的这一天，也是对这一年的丹参试验种植进行测产的日子。但耀州区今年的平均降雨量为811毫米，30年平均降雨量才

471毫米，这对丹参这种喜阳作物来说是一个非常不利的气候因素，是否能达到当时预想的1.5吨鲜重的亩产，阎岩心里有点没底。

极端天气对丹参的产量到底会造成怎样的影响，阎岩一时还无法估量。但一年来，身边村民们关注的目光，是阎岩每天都要去直面的。铜川市耀州区福地种养殖专业合作社的理事长吕建文说："因为我原来也种丹参，我那是传统种植，传统种植出来的品质和产量不是很好，我来看看阎教授起垄种植，肥料使用方法有什么不同的地方，有没有好的经验。"中药种植户张国锋说："每一亩地的产量在1000多公斤（鲜重），这样忙一年之后，可以说白忙活了，如果能达到2000公斤（鲜重）以上的话，那我们的干劲是非常足的，今天的话，来阎教授这里，就是看看他这块地到底怎么样。"

大伙的期许，阎岩看在眼中，记在了心里。可要想把大伙的期许变为现实，阎岩更清楚，还需要用一系列的试验数据来说话。一

阎岩讲解丹参生长情况

天的忙碌即将接近尾声，随着一袋袋丹参依次称重，每块地的产量到底怎样，也很快就要有结果了。

最终，经陕西国科中标检测科技有限公司的工作人员统计后，结果揭晓了：1号，每亩施用中微量元素肥料120公斤亩产鲜重2504公斤；2号，每亩施用中微量元素肥料80公斤亩产鲜重2987公斤；3号，每亩施用中微量元素肥料60公斤亩产鲜重3041公斤。五块试验田每亩丹参鲜重产量都在2.06吨以上，最高产量每亩鲜重3.2吨，远远高出最初每亩鲜重1.5吨的预估。

## ✦ "学霸"的选择

阎岩，1986年出生在陕西省铜川市，从小脑子活，学习好。回想当年，阎岩说："高考完报志愿的时候，因为我父亲就是西北农林科技大学毕业的，当时我父亲说那你就报我的母校吧，其实当时想得也挺好，有一种传承关系，你看原来是父子关系，我报了西北农林科技大学以后，又成了校友关系。"

心随所愿，2004年阎岩考入了西北农林科技大学。10年后，他毕业于西北农林科技大学药用植物学专业，获博士学位。就在当年，他以全市第一名的成绩考入铜川市一家事业单位，这也让父亲倍感欣慰。阎岩的父亲阎旭认为，在体制内工作是比较稳定的，从儿子的学历和人品来说，相信他是很有发展前途的。

工作稳定，家人开心，生活本该如此。直到有一天，阎岩的内心突然生出另一种渴望。工作中阎岩慢慢觉得，自己的工作单位从专业上来说是对口的，但是行政工作会比较多，自己所学的技术层面上的东西应用就比较少。慢慢地，他萌生出了去企业的念头，希望能把所学的这些东西很好地应用上。在单位工作不到一年，阎岩下决心到一家植物提取企业工作，要把自己的所学有效运用到科研中去。

当阎岩把这个决定告诉父母时，开明的母亲很支持，她说："我觉着年轻人就应该有自己的想法。可贵的是我觉得他能把他的这些想法，勇敢地运用于实践，在实践中去实现他的梦想，我觉得他的勇气是让我很欣慰也很钦佩的。"母亲的鼓励与支持给了阎岩力量。父亲则较为传统，他说："我是不同意的，我是坚决反对的。"最终，阎岩还是走出了体制内，进入企业工作。可没想到，一年的时间不到，阎岩又萌生了新的念头。

当时阎岩去的是一家植物提取企业，算是中药材产业的下游企业。工作期间，阎岩有机会了解到提取企业的运营，包括整个提取行业的现状。当时他就发现，提取行业80%的成本，基本上都来自中药材的成本也就是原料的成本。因此阎岩又有了新的想法：如果可以通过育种以及科学的种植方式，大幅提升原药材里面有效成分含量的话，就能够大幅降低原料成本。阎岩敏锐地发现，未来植物提取行业的核心竞争力应该在农业端，应该在这些药材的种质资源里。想到此，阎岩当即决定辞职，到农村去，到农业端去，把这些核心的竞争力做出来。

阎岩瞅准了经济价值高、具有挑战性的濒危稀缺中药材繁育项目，决定从城里到农村，在家乡开启自主创业的人生。当阎岩再一次把新的想法带回家时，母亲却让曾经坚决反对他的父亲也一起投了赞同票。

母亲坚定地说："如果需要钱，爸爸妈妈工作一辈子，所有的积蓄，几十万元钱全都可以给你。因为我觉得，我们的积蓄，用于支持你去干自己的事业，是最有意义的。"父亲说："能够把他的中医药发展和生产结合起来，能够促进农民增收，我觉得这是很好的想法。"

这时铜川市转型发展的东风，无疑又为阎岩添了一把火。铜川是药王孙思邈的故里，针对中药产业的发展，铜川市出台了很多奖补政策，对主持省市级科研项目的，政府财政按照1:2的比例配套，配套资金可以说是非常高的。带着梦想，阎岩开始同合作伙伴一起，一头扎进山里，迈出了他人生自主创业的第一步。

## ✦ 一切的开端

这天，阎岩和村民们一同进山，主要采集野生的苍术，阎岩计划下一步要把苍术作为重点发展的品种。但是现在，关于铜川野生苍术的质量评价工作没有人做，也没有具体的数据，所以阎岩团队只能进山来采样，然后回去做测定，这样心里才有底。带头的村民背着锄头说："后边的注意了，坡有点陡，大家注意安全。"许多中药材的来源主要靠野生，但它们自身繁育困难，成活率、萌发率都非常低，而且还存在不同产区的差异性。追根溯源，要想摸清铜川本地生长的野生苍术的家底，进山实地采样是很重要也是最基础的环节。

山路崎岖，同行人互相搀扶着前进。突然，一个队员指着地上说："那好像是一株！""没问题，没问题，头状花序，是的，没问题，终于找到了！"阎岩激动地看着那一株苍术说。在倾斜的山坡上，几米的距离也要小心翼翼，阎岩与队员相互搀扶，摸索着前进。二人细细查看发现只有很小一点，阎岩有些失望地说："这株只有一个枝，底下肯定很小，太小了没法检测。哎，算了，让它长着吧，走吧，我们再找找。"

一上午的时间过去了，始终一无所获。阎岩决定先稍做休息，补充体力。村民郭军宏感慨地说："就拿这个苍术来说吧，这几年价格特别高，每公斤干货要卖到200元左右，这个东西是越贵越挖，越挖越少，越少越贵。"阎岩细细想来，决定改变一下策略，他说："咱不能再沿着路找了，要不分头行动。"低着头思索后他又说，"分头行动就算了，山里危险。咱们下午还是要进林子，到林子里去找找，路两边的太明显，早让人给挖完了"。队员问："咱今天找不到，明天还继续来吗？""明天来，明天找不到，后天继续找。"阎岩苦笑着，但很坚定。

经过了短暂的休整，阎岩等人继续向前，寻找苍术。看着前方，阎岩说："继续赶路吧。"走上小路以后，道路更加崎岖。阎岩用手拨开枝杈担忧地说着："大家小心这刺，多得很。这还是得往深山里走，还是得多走，要不然就挖不着。原来在学校踢球一场下来，也得跑个一万多米，这比踢球过瘾多了，今天估计三四万步都过去了。"大家开着玩笑，似乎也有了些乐趣。

越往上山路越蜿蜒崎岖，爬起来也更加吃力，带刺的枝杈时不时划过面庞，可阎岩清楚，脚步不能停下，越往前，希望就越大。终于，队员找到了一株苍术，转身对阎岩和同伴们说："真是越往上走越多，这个可以。"阎岩也快步上前，用手触摸判断着："这个比刚才那个大，这一株可以的，这几个侧枝还比较大。"三人蹲下用小铲子细细挖土，不愿破坏一个根须。

从早上开始，在山里穿行了9个多小时，阎岩和队员们终于遇到了一株条件合适的苍术。

阎岩摸着苍术的须子说："像这么大小的可能还需要四五棵，我们拿回实验室测定一下苍术素的含量。如果含量比较高，比较有优势，下一步就准备开展它的野生繁育，然后再向照金镇、太安镇、庙湾镇这一代，就是整个我们铜川西北部的林区，都可以

阎岩在山里挖掘野生中草药

种植推广了。"

每一次同野生中药材的不期而遇，都是一次欣喜的收获。2016年至今，阎岩团队已经成功掌握了陕西省10种濒危稀缺中药材中的石斛、珠子参、白芨和重楼的人工繁育，实现了濒危稀缺中药材在铜川市落地生根。

早上，阎岩来到了工作站，走到同事身边问道："龙飞，咱苍术的结果出来了没？""出来了，最终的结果是苍术素的含量是0.52%。"忙碌了一天，鉴定的结果比《中国药典》规定的高出一倍，这为野生苍术的日后繁育工作开了个好头，让阎岩很是欣慰。

## ✦ 村 民 的 信 任

夜已深，阎岩还没有离开工作室，开始为明天的进村走访做准备。他先来到了铜川市宜君县尧生镇九寺村。二人一同向村民刘水清家走去，阎岩直入主题："今年我们谈了一个项目就是紫苏的项目，他们要收购咱们的紫苏，提取这个紫苏油，用这个紫苏油做一些新产品，不知道咱们有人种过紫苏没？"水清回答："那肯定有前景，一亩地能卖2000多元钱，那肯定给你宣传宣传。"阎岩对刘水清的妻子尹晓萍说："在你家地里做个试验行不行？"尹晓萍爽快地说："行，只要你带头，教技术，就行。"

在进行濒危稀缺中药材繁育工作的同时，阎岩和他的团队也开展了像紫苏这类的大宗中药材的推广种植工作。现在阎岩和村民刘水清一家聊到中药材推广种植，大家都是满心的欢喜和期待。可在2017年，阎岩第一次来到他家流转土地，做丹参的育苗及推广种植时，面对的

阎岩进户调研

却是另一番场景。尹晓萍回忆说："当时我是不愿意把地流转给他们的，我不放心嘛，以前我们村前边那村里出现了把药种下了，那人也不要药，药不值钱了，人跑了。"

当时，其实村子里的质疑声也并非尹晓萍一人，村民担心的是种出来的药材没有市场回收怎么办？另外还担心，这群从城里来的年轻人到底能不能把药材种好呢？面对这些问题，阎岩反倒是不慌不忙，底气十足。底气主要来自阎岩团队长期对丹参的研究。阎岩读博士的时候，丹参就是重点研究的一个品种，从它种子萌发的特性，到这个种苗生长过程中会遇到什么病害，怎么使用肥料，包括出来以后种植过程中的一些要点，如肥料的使用，株行距怎么确定，阎岩团队都有一个完整的技术体系。凭着专业技术与模式的成熟，最终，阎岩在村里建起了100亩的丹参育苗基地。

阎岩团队以"天丹一号"这个品种为材料，做了育苗基地。先引入了水肥一体的管理模式，这种育苗方式的效果很好。接下来，

又邀请了一些知名的药企来参观，以此为契机，逐渐开展了和这些药企的合作，也就打开了大宗药材的市场。苗育好了，也有药企来收购了，尹晓萍悬着的心终于放了下来。尹晓萍回忆起真正让她放心的小细节时说："最后我跟着他们到地里干活，阎教授带着我一路早出晚归的，我这下慢慢觉得他们做事可靠，慢慢地把心放下来，不再担心我的地会荒废了。"

有技术做支撑，再加上辛勤的劳作，2018年3月，小山村里传来了丹参育苗成功的好消息。这也结束了宜君县丹参种苗需要跨地域采购的历史。基地周边农户的收入结构也由原来单一玉米种植收入转变为"地租+务工+分红"的多元结构。这时，大伙儿也都积极把土地流转给阎岩他们搞大宗药材的育苗和种植。村民刘牛娃说："人家药能卖掉，我在他这里打工一年多收入一万多元钱，我肯定愿意把土地流转给人家。"村民们的认可，丹参种苗的落地生根，让阎岩和他的团队在宜君县不断把历史数据刷新，丹参种植面积从0亩到万余亩，育苗基地由最初的100亩，扩展到500亩。现如今，总投资3500万元以丹参为材料的鲜切引片项目也落户宜君县，2022年投入使用。

铜川市中药材产业化办公室主任高印奇很看好阎岩团队的项目，他说："一方面解决了我们品种的优化问题，第二个方面解决了我们的技术难题，第三个方面解决了我们农民的销售问题，使我们发展中药材产业更有底气。"在加速科技成果转化、带动农民增收致富的道路上，阎岩和他的团队从没有停歇。2021年年底，他们完成了全国首份宜君党参的野生驯化、人工繁育和不同环境条件下的质量评价。目前，正在基因和化学层面构建宜君党参鉴定方法，助力提高宜君党参的市场竞争力。

田间劳作让阎岩的脸变得黑中带红，他带着微笑说："我想把好的药材做出来，然后有更好的市场，或者是为了满足一下自己的成就感。但是在做的过程中，经常跟农户打交道，那种幸福感可能更多地来自农民们的笑容，包括我每次进村时对我热情的态度，所以这种转变是在潜移默化中完成的。后来你像我现在想做宜君党参，包括现在做苍术什么的，可能内心不光是说我要做成一个什么技术了，而是说我要把这个产业做好，然后让更多的人受益，让更多的人认可中药产业能为他们带来更好的生活。"

## ✦ 第二个职业

"我们今天上的是茎的出生生长和出生结构，茎的出生组织所衍生出的细胞，经过分裂生长，分化而形成的组织称为出生组织，这种组织组成的结构称为茎的出生结构。"教室里传来了阎岩的声音。2019年12月，延安大学向阎岩伸出了橄榄枝，他又多了一重身份，成为延安大学生命科学院的一名硕士生导师。

实验课上，阎岩为学生们做着示范："从它的基部轻轻地划一刀，把最外层这层叶原基给它分离出来，第一层叶原基切掉以后，现在基部大概也就只有1毫米多了。"阎岩每周都要到学校上一堂

课，他喜欢在课堂上，既能传播理论知识，又能带着大家进行实际操作。快下课时，阎岩说："同学们，等到明年春暖花开的时候，我带你们到我的宜君党参繁育基地去看一看，真实体会一下宜君党参繁育的过程，好不好？"同学们异口同声地说："好！"

在去基地的路上，阎岩说出了自己的希冀："继续坚持面向生产一线，以科技创新带动产业发展，助力乡村振兴。因为我还有教师的这层身份，我也是想通过这个三尺讲台，把我的科研理念和思想，能更多地去影响我的学生，让更多的科研人员，能够愿意投身到广大农村中去。"

各行业共创

# 乡村新服务

xiāngcūn
xīn
fúwù

## 人物档案

扫码观看纪录片

姓　　名：李久太

出生年份：1980年

职　　业：清华大学乡村振兴工作站文登站站长、建筑设计师

工作地点：山东省威海市文登区大水泊镇

荣　　誉：获得2006年全国节能省地住宅设计竞赛二等奖（一等奖空缺），2008年唐山地震遗址公园国际设计竞赛第一名中标，次年建成。获得2011年中国工业设计红星奖三项、2012年德国工业设计红点奖。

"能让老百姓赚到很多钱，能让这个城市、这个区县因为你的存在变得全国知名，这是很世俗但必须得做的事情，因为只有这个时候你才可以站到这儿告诉别人，这是一条路，这是健康的，这是一个受过教育的人该去做的事。"

# 聚集青年人才，为乡村发展打开新思路

吾辈志高远，望远山而前行，追风少年，越追越远，山海不见。他奋力奔跑成为知名设计师，艺术缥缈，他却仍旧向往落地生根，为百姓为人民做实事；理想高贵，可少年从不曾忘记脚下的故土，投身乡村建设中。

## ✦ 设计谷——梦想之地

2021年12月21日，冬至。

一大早，山东省威海市文登区大水泊镇的一个隐蔽山谷里，迎来一批慕名而来的人。一个身着军绿色及膝羽绒服、脚踏白色雪地靴的男子正带着这些人在山谷的建筑群中游览。这名男子叫李久太，是清华大学乡村振兴工作站文登站的站长，"威海设计谷"创始人、文登区乡村振兴"首席专家"。他在努力聚集一帮志同道合的人，做一个理想的乌托邦。慕名而来的人当中有一个名叫刘鹏，是当地知名的网络博主。

李久太边走边向刘鹏介绍道："你现在看到的设计谷是一个示范区，占地10亩，只盖了1000平方米的房子，包含4个建筑单体，共有7个空间，每个空间里面都是一个设计师的工作室。"

李久太计划以设计谷为模板，将村里面的所有劳动力资源整合起来，让老人们也有事干，让村子再次热闹起来。人多了，村子热闹了，且不说会带来什么效益，就是村里靠墙站着晒太阳的人，也会觉得高兴。

听到李久太的理念，刘鹏也来了兴致，表示自己将来可以到这里客串司仪，还可以在这里拍婚纱照。

正当二人讨论得热烈的时候，不远处传来的一声"李老师"打断了二人的谈话。来人名叫王大力，东北人，16岁来威海学厨艺，后来成了五星级酒店的主厨，几年前辞职创业，开了自己的饭店，但由于受疫情影响，生意一落千丈。一次偶然的机会，王大力与李久太在设计谷相识。二人简单寒暄后，王大力说明来意，他是来给李久太送饺子的。

二人初识时，王大力很打怵，他感觉自己中学没毕业，跟清华

在设计谷包冬至饺子

的博士相比，就是一个天一个地，甚至是一个在天上，一个在地洞里，认为双方的交流应该是存在障碍的。

尤其是当他看到在大水泊镇包家庵村，这一组前卫别致、极具现代设计感的名叫"威海设计谷"的建筑群，可以与其所在的山水地势完美地融合时，让忐忑的王大力又多了一分惊奇。

王大力来设计谷见到的第一个字是"坔"（dì）字。他的第一反应是没见过，查了半天拼音也不知道对不对，不由得对李久太感叹道："李老师这一个字可是难倒了95%进设计谷的人。"

李久太却说："我倒是觉得这个字造得挺美的，它的结构对称，还有字形中的那些寓意，都是挺美好的。这个'坔'实际上就是土地的地，是它的异体字。"让王大力没想到的是，二人之间看似莫大的距离，却碰撞出了火花。

李久太风趣幽默的聊天和对创业的辛酸苦乐的感同身受，感染了王大力。当李久太说设计谷后期也会加入很多餐饮、服务的元素，询问王大力有没有兴趣时，王大力动心了，他也要回到乡村，开一个田园私厨。正好李久太当初设计的小院非常适合做私厨，他没有迟疑，把自己的小院免费让给了王大力，在他看来，力所能及地降低入驻门槛才能吸引更多的人。

毕业于清华大学建筑系的博士后李久太，是唐山地震遗址公园的设计者，也曾获得德国工业设计红点奖等多个国内外大奖。李久太打造设计谷的初衷，就是为有激情的创意工作者提供一方施展才华、彰显自我的沃土。他的理想就是找一群志同道合的人，并为这些人量身打造一个载体，具体到现实中，就是每人可以有一个房子来实现自己的想法，在这落地扎根，在这里尽情创作。

李久太出生在河北省唐山市丰南县（今丰南区）老铺村，小时候家境贫寒。喜欢美术的他大学时读的是哈尔滨理工大学建筑学专业，因为成绩优异被保送到清华大学建筑系成为一名直博生。一路上的奋力奔跑，让他年少时的自卑渐渐化成了不甘。

2017年初，李久太受朋友之邀来到威海，了解到威海正在建设国家建筑设计平台，于是动了安家的念头。他想在这边踏踏实实地干点事，而不想总凭着创意做些缥缈的设计。

包家庵村"威海设计谷"，是李久太的得意之作。几年前，这里还是座废弃的养貂场，有40多间危房，年久失修，遍地都是荒草，有两棵大樱桃树。

和旁人不同，李久太从眼前的破败看到了一片自由天地。

这里跟周边的村子都以山相隔，有40多间房子，可以进行改造。建立设计谷的目的就是让有自我主张和自由精神的设计师能够把自己的想法完全可控地实现出来。

李久太自筹资金2000万元启动了设计谷建设，每一处都耗费巨大心血，是他精心设计和打造的。

据李久太介绍，整个建筑跨度达42米，在建筑结构设计方面是一个很大的挑战，设计难度相当大。造价高也是这个建筑存在的问题之一。建造这个建筑的目的就是想实现它和自然的一个完美对话，其设计理念是最少地侵犯自然，希望这栋建筑跟自然的关系是一种非常友好的、互相成就的关系。因为有了这个沟壑，房子的这种轻盈的跨越漂浮感就成就了；因为有了这个房子，自然的优美的曲线就被一条直线给衬托出来了。

有时真的要感谢命运的馈赠。2017年，就在设计谷全面投入建设的时候，刚好清华大学要在全国多个省份启动"乡村振兴工作站"，探索高校、脱贫攻坚与乡村振兴有效衔接，这个项目的出现激活了李久太心底的理想，令他欣喜若狂，因为他可以作为站长驻扎在这里，回馈这里。

2018年5月，李久太与清华大学签约并开展工作；到2020年8月底，清华大学乡村振兴工作站山东文登站正式挂牌落成。一时间，小镇上来了几十位清华的老师，实属罕见。当时工作站的人们都很有成就感，觉得这片地方充满了希望。

这个工作站全部由清华师生团队负责设计，由当地政府出资建设，双方共同推进村落基础设施建设和人居环境改善。从一片废墟，到如今在老石头房子基础上建起来的工作站，自带一种时间的美感。

### ✦ 初家村——梦开始的地方

初家村，一个地处威海却远离海边、偏僻隐蔽的村庄，这也是李久太驻扎的第一个村庄。虽不是故乡，却载满了乡愁。40%的空置率，让初家村满目沉寂。

这里并不是人们没时间回来住，是10多年都没人住了。村里基本上是老人，他们都会聚集在主要街道的向阳背风处，似乎在等待着一个我们都不想看到的明天。

这是一个山美水美的地方，不应该让这样的地方沉寂下去。李久太决定为这里做些什么。

村中有一条贯穿而过的路，路的这端是与之垂直的另一条路，路的另一端是田野，这条路好似一箭穿心。入村之前，必然要经过丁字路口的顶端。所以李久太和他的团队在这里做了一个影壁墙，它会让这个村的空间显得很有聚合力，让整个村子显得有人气，也让人有一种回家的感觉。

有了回家的感觉还不够，李久太又将村口的导水槽改建成小桥，让"过桥入村"的旅途，不经意间有了渐渐浓郁的乡愁。

在李久太眼中，路其实更是一种情感体验的通道，而不只是一个理性的交通设施。在入村之前过不过一个桥，有没有一棵大槐树，大槐树下有没有爷爷奶奶等着你回来，这都有非常不一样的感受。

李久太认为，建筑并不是生硬刻板的，而应该留有时间的痕迹和独特的温度。这种时间感的堆叠是城市里没有的，所以这就是乡村独特的地方，需要将其保留。因而在可能的情况下，李久太会把石头和砖都清理出来，把它们修复一下，来展示其中蕴含的独特的时间感。那些不能被清理和展示的地方，李久太就找来山东大学艺术学院的师生搞乡愁系列创作，泼洒成画。他希望一个村子里充满高级感，这样才能吸引更多的有品位的年轻人，这样村子才会越来越有希望。

李久太采用"范例法"破局，打造村宅改建的样板。他以为期20年，每处6000元的租金，流转村子里荒废的院落进行设计改造，然

李久太在指挥施工

而，难题随之浮出水面——资金。

巨额的资金是乡村面貌改造不得不面对的一个问题。李久太说："如果让一个村整个村貌提升到一个差不多的程度，大致需要1000万元，而光大水泊镇就有90个村，90个村就是9个亿，这还只是大水泊镇，而整个文登区有多少个镇，所需要的资金就是一个天文数字。"

用李久太的话说，最艰难的路都是自己一个人走过来的。他印象最深的是当时住在镇上，每天早上起来第一件事就是先把棉裤穿上。这条棉裤，是在镇上一家军需用品店买的，花了85块钱，穿了4年都没换。

尽管前途迷茫，但李久太相信自己的选择没有错。他认为："生存是非常现实的问题，所以不可能停下来，只能去追求，坚持到底，这是一种不得不做的选择。"由己及人，李久太认为如果有更多像自己这样的人就好了，于是他提出了"新村民"招募计划。在这个计划中，所招募的新村民，每个人都带资进村，去改建自己理想的田园住所，那么资金不足的问题就迎刃而解了。

就这样，李久太牵头、共有30多个新村民组团签约入住了初家村。他们将废弃房屋改建成了精致的艺术品，也为村子带来了人气。李久太认为，这些山清水秀的地方就应该通过这种方式把人吸引过来，乡村必须要有人气。

为了进一步招募新村民发展陈旧的乡村，清华大学和当地政府联合推出了首席专家制度，即在大水泊的首席专家，谁落地一个项目，或者领包一个村，这个村的一村一品的特色设计权就归属谁。

据李久太介绍，瓦屋庄村的首席专家叫闫传明，他曾经是做艺术品行业的，为该村引入了一个毕克官美术馆，在偏僻的乡村有这么一所高级美术馆，是非常罕见的。瓦屋庄村因为这个美术馆而成了网红打卡地。团山村的首席专家叫姚晓东，他把围棋行业里的专业人才和资源都带到了这个村。

清华大学乡村振兴工作站相当于一个乡村创业孵化器，现在已经有3家企业在这里入驻。北京航空航天大学张海英教授在这里建立了工作室，她现在根植在乡村，每年大概有300天以上的时间驻扎在这里，张老师也给这里带来了非常多的资源和人才。

随着新村民的加入，不到一年时间，初家村这个人均耕地只有2亩多、无集体经济收入的贫困村一夜之间变得"人才济济"起来。

这些新村民按照自己的想法，将村子里废弃的房屋院落进行改造，随之他们被这些村子绑定，被这种第二故乡的情感所牵引，也就更愿意为这个村子的发展付出感情并贡献力量。

新村民李维石是位来自北京的企业家，他说过去都说"去威海"，而如今不经意就改成了"回威海，回大水泊"了。李维石表示："人一旦长期在哪儿投入，就会对哪儿产生情感连接，就会把这个地方当成家，当成第二故乡。更何况这地方是一个人文荟萃的地方。"

### ✦ 孵化器——人才引流

随着小镇上聚集的"新村民"越来越多，李久太把自己的工作模式也形象地称为"垒鸡窝"模式。他认为一个学建筑学的从农村出来的人，就应该先从垒鸡窝开始，别人能不能邀请自己去盖猪圈，要看鸡窝垒得好不好，而不是因为清华博士的身份。就这样，李久太就在这里扎了下来，扎扎实实地打基础，扎扎实实地把自己的人生垒起来。

同样是通过人才吸引人才的形式的"威海设计谷"，李久太已吸引来了45个国内优秀建筑设计机构或个人进驻，形成独特而富有魅力的"建筑社群"。太阳下山，夜色降临，熙熙攘攘的设计谷，终于在雪花纷飞中恢复了寂静。

随着项目的深入开展，李久太终于有了自己的时间，特别是在他绘图的时候，会达到一种物我两忘的状态，过去几乎没有这样的时间。

对李久太来说，这份独处，来之不易。此时，温暖的壁炉前，是热爱设计的他；而静谧的山谷里，是执着筑梦的他。

李久太团队如今承接了威海市十几个乡村建设项目。设计谷也逐渐从最初比较个人化的项目，转变为当地乡村振兴的重点项目。在对相关政府部门进行项目方案介绍时，李久太说："这些项目的开展，会结合在文登的一些实践，把人流引进来、把业态安进来，潜心引专家、全域孵化器。人是做事的主体，想吸引一个人落地，就要带他去看一看已经干成的项目，再告诉他这里面有一些闲置的资产，可以把这个地方作为根据地。就这样滚雪球一般，到最后全域都是这样的人和事，就像孵化器一样，是可以孵化出很多成功的业态的。"

让专家、人才和村里的原住民聚集在一起，共同参与到乡村业态孵化器这样的项目中是很关键的一步。李久太今天的第一站，是跟他的伙伴于洋带着两位卡通形象设计师谭小丽和修学萍，去拜访村里一位有手艺的大妈——谭业波阿姨。

看到李久太登门，谭阿姨很开心。简单寒暄后在于洋的

询问下，谭阿姨拿出了她手工制作的毛线小包和鞋垫。精致的手工作品得到了两位设计师的夸奖。李久太也很吃惊，以为这些东西是谭阿姨从外面买来的。

于洋对谭阿姨介绍道："大姨，今天我带来两位美女，也是手工达人，她们也有自己做的小玩意儿，她们也愿意玩手工。"于洋一边说一边拿出两位设计师制作的手工作品进行展示，又接着说道，"她们也想学一学原来咱们乡村里那些手艺活，老一辈留下的那些东西。反过来这些小玩意儿，将来放到咱村里建得很漂亮的小商店里进行出售，也挺好的。"

将传统手工艺融入现代元素，对于产品的市场前景，李久太很期待。他对两位设计师说："村子里面其实有很多阿姨是可以做手工的，但是更希望能有像两位设计师这样的人加入到村子里，为村里原有的那种手工艺品赋能。因为单是会做手工，那只是工厂，没有产品，更没有品牌和设计。所以品牌和设计，还要拜托两位。"用社群理念去振兴乡村，村里迎来的将是别开生面的变化。

在采访山东省威海市大水泊镇党委书记张军伟时，他激动地说："首席专家加上在我们村里跟着久太博士来的这一大批精英，还有硕士、博士等等，这些新村民总共是216个人，我们大水泊总共是90个村，这样平均下来相当于一个村至少能有2至3名新村民入住，很好地带动了一个村来发展其特色产业。另外，我们的求学研学活动也以我们的小镇中心为最主要的聚集地。这种带动、拉动的作用我感觉是非常明显的。"

## ✦ 大水泊——逐梦之乡

脚踩泥土、扎进大水泊已经五个年头了，如今已是博士后的李久太依然倔强、坚定地较着一股劲儿，从未停止。他认为，能让老百姓赚到很多钱，能让这个城市、这个区县因为你的存在变得全国知名，这是很世俗但必须得做的事情，因为只有这个时候，你才可以站到这儿告诉别人，这是一条路，这是健康的，这是一个受过教育的人该去做的事。

乡村振兴的意义和价值，对于李久太个人而言，有着独特的一面。来到乡村，参与乡村建设，代表着新一代的一种精神面貌：不再为了纯利益而去争夺追逐，可以为自己心里的那种美好愿望去践行，这无疑是一种进步。

如今的李久太已经从一个设计师角色转变成乡村振兴的运营者。他说乡村振兴，就是把不同的人才资源、资本合情合理地融合起来。衍生出的业态，不管是新村民还是老村民都能受益。

别看李久太这几年全年无休、倾其所有投身乡村，但他并不觉得苦。在他看来，苦是什么？苦来自心的迷失，而幸福，来自于心找到了家。"我家有山，对面有海，海上的船，爸爸的帆。我家有山，对面有海，海边的田，家的炊烟……"春天已经来了，美好的事情正在发生。

## 人物档案

扫码观看纪录片

姓　　名：郑雄英

出生年份：1986年

职　　业：律师

工作地点：福建省福州市

荣　　誉：2021年被共青团中央、农业农村部授予首届"全国乡村振
　　　　　兴青年先锋"荣誉称号。

*"要换个角度，走到村民心里去，让村民敞开心扉，这样的法律服务才能真正有效。"*

# 聚焦三农，做老百姓的贴心人

她是一名三农法律先锋，从2015年起，她和她的团队先后服务了170多个村集体组织，覆盖36万多村民。巾帼不让须眉，她在三农法律服务领域不断深耕，希望用自己的专业，为更多的农村和农民服务。

## ✦ 改 革

福建省福州市闽侯县昙石村。

"大家要针对这个情况在村里边儿商议一下，因为这不是个例，村里有几十号甚至上百号人都是这样的。"一位女青年坐在人群中，说话语速平和却有力。她皮肤白皙，一头乌黑的长发披散着，身着黑色西装，身材看着瘦弱却掩不住浑身十足的精气神儿。

旁边有人应着："这个要交给村民代表吧？"

她点点头继续说："确实，但村民代表那儿能不能通过还要基于在座各位的看法，我们要和村民交流的时候引导他们，一起来商议这件事。"

人群中的这位女青年名叫郑雄英，是福建省福州市的一名律师。如今她所做的工作，几乎都集中在三农领域。2015年，郑雄英接到了一项特殊的任务——提供法律服务来协助福建省农村集体产权制度改革试点工作的实施与推进。在与村民代表的交流中，了解村民的诉求，解答村民的疑惑，是郑雄英的重点工作之一。

但是，即使是在这样普通的沟通会上，很多村民也会情绪激动，因为农村集体产权制度改革是一项关系到村民切身利益的事情。

随着我国经济的发展，农村集体资产总量不断增加。但是由于农村经济结构、社会结构的变化，使得农村集体资产产权归属不清晰、权责不明确、保护不严格等问题日益突出。在这样的背景下，2014年10月，农村集体产权制度改革试点工作逐步展开。

昙石村，是福建省福州市闽侯县一个较为富裕的城中村。这里是福建省农村集体产权制度改革试点村之一。在没有改革之前，昙石村里有很多边角地、生产队里的地，还有外出务工村民的地，这些地长期闲置着，大好资源被白白浪费。而农村集体产权制度改革的核心，就是要把村集体资产摸清盘活并折股量化，让农民真正成为村集体的"股东"。

"如果把这些村集体土地按物流园或者工业区来招租的话，村集体成员每月就可以多收入几百块钱，这样算下来，每年每人收入就可以多几千块钱。"昙石村党总支书记黄金栋朴实地笑着，打心底为村民们开心。如果这一想法得以实现，通过摸清并盘活村集体资产，每年都可以将收益分配给村集体成员。这样见得到真金白银，能够得到真实收益的改革，村民们自然非常乐意接受。

## ✦ 难　题

　　尽管有这样美好的可预见的未来，改革过程中依然充满了各种难题。

　　首先，在前期的摸底过程中，就遇到了很大的问题，特别是成员身份的认定。这是一个难点，却也不得不克服，因为这是整个改革试点的一个焦点，也是最重点的问题，关系到村民股权分配的占比。在成员身份认定中，包括户口迁移、农转非、外嫁女、海外移民等多种情况，非常复杂。

　　"我们闽侯县农业农村局要先形成一份县里的指导意见，但是首先我们要确保这份指导意见具有合法性，能够站得住脚。"福建省福州市闽侯县农村合作经济经营发展中心主任程金泉说。

　　正是在这样的背景下，郑雄英和她所在的团队，承担起了这次改革试点的法律服务。在当时，福州几乎没有专门从事三农领域的律师团队。郑雄英所在的律师事务所，也同样缺乏这方面的经验。"常改对我们来讲还是一项比较新的探索，毕竟是这么庞杂的一项工作，我们能不能如期顺利地把它做下来，心里的压力真的蛮大的。"郑雄英说。但是，既然接手了这块难啃的骨头，郑雄英和她的同事们就必须尽快找到突破口。

　　"农转非就是外出工作把户口迁出去，但是这也要分几个类别，是因为什么迁出去的？"在村民代表会上，郑雄英满脸真诚地向村民代表们解释着。在郑雄英及其团队的工作中，与村民代表沟通，成为她们最重要的工作方法之一。在农村，村民代表的作用是非常大的，因为他们是村民们选出来的，在村民心里具有一定的威信，认可度和公信力较高。如果村民代表能够先接受这些观点，他们就会自发地把这些政策和观点传达给村民们，帮助郑雄英及她的团队做一些解释工作。

然而，事情并没有想象得那么顺利，一开始，很多村民代表把郑雄英和她的同事当成了自己的对立面，非常排斥。有许多村民代表觉得律师是跟案件挂钩的，总是有说不清道不明的担心。对于这一情况，郑雄英心知肚明，她做好了心理准备："村民们其实一开始对我们是打个问号的，你的立场是什么？毕竟是初来乍到，你想要达成的目标或者想做的事情是什么？到底是要来维护村集体的权益呢？还是说其实是想完成什么任务。"

在进行昙石村改革试点工作时，郑雄英还不满30岁，很多思

郑雄英参加福建新闻广播活动

想比较保守的老人，对郑雄英和她的团队多少有些轻视。"这么年轻，又是个女孩子，她怎么可能懂我们社会上的事情嘛！""我们村集体里面这么复杂的情况，你们有这个能力来做事吗？"诸如此类的疑问纷纷落在郑雄英身上。

## ✦ 挑　战

其实，村民代表的担心也并非全无道理，村里的事情纷繁复杂，没有经验的年轻人，一般很难理清里面的头绪，也很难理解村民的立场。

"相比面对个人和企业的法律服务，三农法律服务涉及村民的切身利益，要经过民主会的讨论，相对复杂，也更具挑战性。"郑雄英团队里的肖媛律师解释道。她也是一位女律师，年纪和郑雄英相仿。

其实，对于村里的事情，郑雄英并不陌生。郑雄英出生在福建省霞浦县的小山村，大学之前一直生活在农村。对于农村的生活，她再熟悉不过。在此前的工作当中，郑雄英也曾接触过一些农村案件。由于出身农村，郑雄英一直希望能够通过自己的专业，为农村和农民提供实实在在的帮助。她很有感触："在这个过程中，我自己也积累了很多关于农村领域的，特别是与土地相关的法律服务方面的知识和经验。"

但是即便如此，对于郑雄英来说，农村集体产权制度改革，比起其他农村法律服务是更加棘手的挑战。因为农村集体产权制度改革，是一项专业性很强的工作，涉及农民千家万户的利益，在这个过程中会涉及诸如成员界定、股份量化等多项复杂问题，这些在当时都是没有完整的、规范的规定可以遵循的。

"往往你只是看到成片的竹林，但是你根本想象不到，这片竹林前三四年的时候都处在地下长根的过程。这就好比你做这件事，头三四年的时候一定是先要打好基础的。"卢律师是郑雄英的同事，也是她非常敬重的前辈。当郑雄英感到压力巨大的时候，经常会寻求前辈的开导。

在推进农村集体产权制度改革试点相关工作的过程中，郑雄英和团队里的同事也会互相鼓励，一起研究。他们将村民代表的反馈意见和想法汇总起来，形成方案，不断修改。这个过程漫长而艰辛，并不能直接形成一纸执行办法，再由村里实施这么简单直接。因为村集体是一种特殊的经济组织，民主管理村民自治，一件事最终是否能办成，决定都是由村里来进行认定的。

## ✦ 努 力

郑雄英跟她的同事们以及村"两委"干部，必须反复与村民沟通，倾听他们的心声，并解释相关的政策法规。"村民们不会因为你去跟他们交流，给他们灌输一些观念，他们就接受了。更何况不止一两个村民，而是这么多村民都围在一起时，这难度就可想而知了。"

在与村民的交谈过程中，郑雄英和她的同事慢慢摸索出了"诀窍"——不管村民说什么，都不要打断他们说话，先表示出足够的尊重，让村民们先说，把心声都表达出来。等到村民们吵得差不多了，再慢慢跟村民们展开沟通。

随着接触越来越多，村民代表们对郑雄英团队的陌生感与防备心渐渐消除，不再轻视他们，而是认真听取他们提供的专业法律方面的建议。但工作也并非想象得那么一帆风顺。对于外嫁女的成员认定，又成了他们工作中的矛盾焦点。

外嫁女是指出生在本村，成年后嫁到外村的女性。那时候，大多数农村里定的村规是"嫁出去的姑娘，泼出去的水"。因此在成员认定时，如果按历史习俗习惯制定的传统村规民约来判定，外嫁女是不能被算在名额内的。此外，从利益角度来看，如果将外嫁女算进名额里，分一杯羹的人变多了，分配收益的时候人均份额自然就变少了。分到手里的收益变少，再加上传统意识的阻挠，这对改革形成了很大阻力。

外嫁女黄锦云是土生土长的昙石村人，婚后曾离开昙石村。但几年前，她与丈夫离婚，又回到了自己的娘家。按照很多村民的传统观念，婚后的女性是不能享受村集体红利的。如此，黄锦云离婚后，前夫家和自己娘家的村集体红利都无法享受，这样就出现了"两头空"。

"我有时觉得，虽然我生长在这里，但是真的好像是一个外人。"黄锦云无奈地笑笑，不知如何是好。她心里有些失落，也有些不平衡。本来自己嫁到前夫家的时间也不长，既然离婚回了娘家，夫家村子没有算自己的分红名额也是理所当然，但在娘家这里的名额认定也成了一件困难的事。"如果这边也没有算我的，那我真不知道我到底属于哪里人，可能我只能算地球人吧。"

按照传统的村规民约来执行，显然对黄锦云非常不公平，但是村里的传统观念就是如此。郑雄英和她的同事多次跟村民代表沟通外嫁女的问题，结果都遭到了强烈的反对。村民之间的意见也不统一，年轻一些的村民有的态度还模棱两可，但有一些来参加会议的老年人，他们的观念非常传统，立场也更加顽固。

因此，在转变村民的观念之前，为了更方便与村民们沟通，郑雄英等人先要对外嫁女的类别进行细分，不能含混不清。外嫁女的类型分很多种情况。有的人平时一直在娘家生活，有的人平时则不在娘家本村生活。有些人虽然嫁出去了，但是户口没迁出去；还有一些原本嫁出去了，甚至户口也迁出去了，但是后面又离婚了……

从依存保障关系的角度来讲，对于许多像黄锦云这样的外嫁女，如果不给她们认定村集体分红名额，她们就会失去生活保障待遇，这将对她们的生活产生非常大的影响。对此，郑雄英等人看在眼里，急在心上。要如何解决这一难题呢？

在农村，一项改革能不能顺利地推进，其中最重要的角色之一就是村"两委"干部，通常情况下，村"两委"干部能对村子的大小事宜起到决定性的作用。于是，昙石村党总支书记黄金栋成了郑雄英的重要帮手之一。

2015年，为了让村民对外嫁女的问题转变观念，作为村"两委"成员，黄金栋需要经常走家串户去做村民们的思想工作。那段时间，昙石村的村"两委"干部分成不同的小组，深入到村民家中，向村民讲解政策法规。

另一方面，郑雄英等人也会根据每次村民代表大会的情况，修改细化具体方案，不断完善与村民代表的沟通技巧——不过多强调法律条文，而是从法律蕴含的人情伦理来与村民们沟通。

"现在的女儿跟二三十年前不一样啦，手心手背都是肉，女儿多贴心啊！"郑雄英尝试从情感层面感化那些思想顽固的村民。

以往陈旧的村规约定"嫁出去的姑娘，泼出去的水"，是因为许多女儿嫁出去，翻过一个山头后，也许这辈子就不会再跟娘家有太多交集。但随着国家的快速发展，现在的交通、信息等便利性大大提升，女儿可能尽到的赡养责任和义务并不比儿子少。所以现如今，对于做父母的来说，女儿跟儿子其实没有太大区别。

"你跟村民们讲法律，他们肯定就不怎么能接受啦，所以要换个角度去跟他们谈。"郑雄英微笑着说。

在郑雄英及其团队为村民们提供法律服务的过程中，一直在努力寻找这样的平衡点，以心换心，让村规民约与法律和平共处。

最终，昙石村的村民们接受了新的观念，户口在村里的外嫁女及其子女，只要没有被外村认定，本村就会全部认定为集体经济组织成员，并享受相应股权。

功夫不负苦心人，通过郑雄英团队和相关工作人员的努力，昙石村作为福建省第一批试点村，取得了农村集体产权制度改革试点工作的成功。

## ✦ 先 锋

除昙石村外，福州市宦溪镇创新村，同样也是郑雄英团队服务过的村庄，这里经过农村集体产权制度改革之后，引进了田园综合体，不但村庄面貌焕然一新，也让村民获得了更多的收益。

从2015年开始，几年时间里郑雄英和她的团队先后服务了170

福州市闽侯县

197

多个村集体组织，覆盖36万多村民。

"农村集体产权制度改革里面还有一个难点，就是关于股份量化里的静态量化和动态量化……"会议室的长桌前，郑雄英落落大方地为同行们讲解自己的工作经验与心得体会。围坐桌旁的律师们或伏案仔细记录，或边听边频频点头。

经过这些年的积累，郑雄英团队已经成为三农法律服务领域的专业团队。她所在的律师事务所经常会举行业务交流培训会，以便郑雄英把自己在三农法律服务领域的经验分享给其他律师。因为她希望有更多的律师关注三农领域，关注乡村振兴。

如今，一项新的挑战，又落到了郑雄英及其团队的肩上。

一早，郑雄英便来到福清市三星村。受福清市农业农村局的委托，郑雄英团队要为接下来开展的农村宅基地改革进行摸底。

在三星村村民会议上，郑雄英有条不紊地安排着："摸底的工作，首先是要把目前村里面存在的方方面面的问题都收集、汇总上来……只有了解了村民们的主张和其他具体情况，才有可能进行下一步工作。"宅基地与村民的切身利益关系更加直接、紧密，因此这项工作需要更加细致地一步步推进。郑雄英与同事们一边与村民们聊着家长里短，一边仔细地记录着。

沟通完宅基地改革的事情，郑雄英又马不停蹄地赶到福州市区的一所学校。下午，她还要给孩子们做一场法律知识讲座。

从事三农领域法律服务以后，郑雄英要奔波于各个村庄之间，工作节奏更加忙碌，但是像这样的普法讲座，只要有时间，她还是会去参加。在郑雄英看来，这也是她实现自己社会价值的一种方式。

从被人质疑的年轻法律工作者到独当一面的三农法律先锋，郑雄英找到了自己的定位。她希望用自己的专业为更多的农村和农民服务，同时也致力启发和推动更多行业律师，在三农法律服务领域不断深耕。

## 人物档案

姓　　名：曹永祺

出生年份：1987 年

职　　业：中国社会福利基金会暖流计划公益基金新疆驿站站长

工作地点：新疆维吾尔自治区克孜勒苏柯尔克孜自治州阿克陶县

荣　　誉：2014 年获第十届中国青年志愿者优秀个人奖，2021 年被授予"新疆维吾尔自治区脱贫攻坚先进个人"称号，2021 年被共青团中央、农业农村部授予"全国乡村振兴青年先锋"荣誉称号。

"不忘入疆初心，牢记志愿使命。"

# 乡村教育路上的爱心传递员

新疆——祖国大地上距离海洋最遥远的地方，却流过了一股"暖流"。崎岖的山地、错落的冰川，帕米尔高原和塔里木盆地在此处汇合，被细泥沙染成赤色的大河从这里静谧地穿过。这里是新疆西南的克孜勒苏柯尔克孜自治州，中国版图的最西端。蜿蜒曲折的公路上，有一辆满载的货车正朝着目的地前进。

## ✦ 一波三折的爱心之路

"走！再往前走！"

正在物流园内指挥车辆的这个小伙，名叫曹永祺，是新疆维吾尔自治区阿克陶县融媒体中心党支部副书记、副主任，同时也是中国社会福利基金会"暖流"驿站的站长。几年来，曹永祺坚持帮助偏远地区学生募集基本生活和学习物资，这个略显消瘦的身影，已然成了这里的孩子们的坚强依靠。

此时，曹永祺正在喀什金通物流园中忙碌着，为的是明天能够把过冬的棉衣棉鞋送到乌恰县乡村小学100多名孩子的手中。2021年冬天，第一批从全国各地筹集的爱心物资总算在今天傍晚到达了物流园中，由于受到疫情影响，这批物资比往年晚了一个多月。岁末月初，正值这里一年当中最冷的时候，这批过冬物资的运送任务已经不能再拖延。

曹永祺开包仔细检查着物资，看着一双双漂亮的绒鞋、一件件胸前印着"暖流计划"字样的棉衣，他已经迫不及待想看到孩子们穿上在校园里奔跑的样子。晚上10点，曹永祺把这44箱爱心物资全部装车拉回了阿克陶县。第二天一早，他就将带着这些货物前往此行的目的地：乌恰县吉根乡小学。

乌恰县吉根乡小学被称为"中国西陲第一校"，学校所在的吉根乡平均海拔2735米，冬季气候寒冷干燥。从阿克陶县到乌恰县吉根乡小学有330公里，需要5个小时左右的车程。曹永祺原计划早上8点出发，然而无奈早上天气太冷，车子打不着火，导致晚了一个多小时才上路。

路上，曹永祺几次向货车驾驶员确认着路况。他对这里的天气环境很了解：吉根乡属于山区，常年下雪，积雪情况比较常见，如果路上遇到下雪或者积雪，可能会给此行带来麻烦。所幸前两个小时的道路状况较好，到达乌恰县时，并没有出现曹永祺所担心的大雪天气。曹永祺和同行的妻子长舒了一口气，两人说道："感觉今天还算顺利，真想快点见到吉根乡的小朋友们。"

然而，行驶在偏远地区的路途上，总是无法避免地出现一些意料之外的状况。就在曹永祺一行离吉根乡小学还有大约70公里的时候，拉运物资的货车因为油量不足而停靠在了路边。曹永祺万分着急，他最担心的就是因为自己的耽误，让物资不能及时送到孩子们的手中。

思考片刻后，曹永祺拿出手机，给乌恰县吉根乡政府去了电话，看能否帮助解决车辆加油的问题。天无绝人之路，在乌恰县团委和吉根乡政府的帮助下，他们在距离吉根乡25公里的地方，终于找到了一个加油点。曹永祺说："如果实在找不到油，那后果不知道会怎样，也许整个今天的发放活动都没办法完成。"

下午5点，比预计时间晚了两个小时后，曹永祺一行终于来到了吉根乡小学，他们和"暖流"志愿者们赶忙从货车上卸物资，准备发放。发放环节中，曹永祺手拿话筒，对足球场上整齐排着队的孩子们说："我们带着全国各地有爱心的大姐姐、大哥哥们的'暖流包'，把你们冬天要用的棉衣棉鞋送过来了，希望你们在冬天不再寒冷，也希望你们好好学习、听老师的话，用健康的体魄和优异的成绩回报祖国，回报父母。"

吉根乡小学的孩子们依次排队领取了爱心物资，每个孩子拿到物资后都认真地对曹永祺

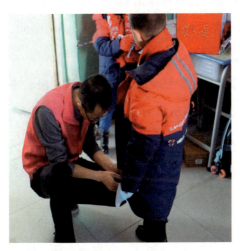

在乌恰县吉根乡小学发放物资并帮学生穿新衣

203

说一声："谢谢老师！"曹永祺亲自为一些孩子穿上棉鞋、系上围巾，还与孩子们一同做了游戏。欢笑声和喊叫声飘荡在吉根乡小学的上空，为这一波三折的爱心之路画上了圆满的句号。在曹永祺的物资运送经历里，这样突如其来的状况并不少见，给他的爱心之路带来不小的挑战。然而，带着这份"暖流"，他也总能化解各种难题、克服各种困难，让"暖流"到达目的地。

孩子们说，收到爱心物资心里暖暖的。看到孩子们开心的笑容，曹永祺的心里也同样是暖暖的。

### ✦ 决心扎根新疆的爱心伉俪

曹永祺站在河边，看着潺潺的流水从眼前淌过，雄伟的山川矗立在远处。他回想起自己第一次看到如此景象时的情形，转眼间，自己在这片山峦之间已经奔波了10年。

曹永祺是甘肃人，2012年从江西赣南师范大学毕业后，报名参加了大学生志愿服务西部计划，来到新疆阿合奇县开展志愿服务。一开始，曹永祺抱着一种好奇的心情，"想看看课本里所说的吐鲁番的葡萄、哈密的瓜究竟是什么样的，想看看所学过的大美新疆戈壁滩究竟有多大，也可以过来参加志愿服务，实现志愿服务的梦想"，于是便踏上了这片土地。在阿合奇县开展志愿服务期间，曹永祺经常下乡，和乡村学校的孩子们朝夕相处，渐渐地，他了解到这里孩子们的生活状况和急切需求。

从这时开始，通过公益的形式帮助孩子们改变学习条件和生活条件，就成了曹永祺尽最大努力想要做的一件事。他开始通过网络渠道，寻求社会上的公益组织和爱心人士的支持与帮助，从而给乡村小学的孩子们资助一些学习和生活物资。从一支笔、一个书包到一件棉衣、一双鞋子，慢慢地，从一件事到另一件事，曹永祺的爱心事业越做越大，逐渐从一所学校覆盖到阿合奇县的所有学校。原本一年的西部计划志愿服务期，曹永祺一再申请延长。

2015年，已经志愿服务三年的曹永祺，决定与同是大学生志愿者的女友贺桂梅组建志愿者家庭，一起扎根新疆阿克陶县。贺桂梅说："自己从小其实很恋家，可就是放不下这里的孩子们，也知道这里的学校真的很需要帮助。"因此，夫妻俩决定排除万难一起留在这边。"不舍得离开新疆，真的是热爱新疆。"曹永祺和贺桂梅这对夫妻，在精神上达成了可贵的默契，他们依恋这里孩子们的欢笑，他们想一直坚持把志愿服务这项事业做下去。

四年前，曹永祺和贺桂梅的女儿出生了。两人的女儿跟随着父母在新疆的大地上健康成长着。曹永祺几次在运送物资出发前，都想把4岁的女儿一同带上，就是为了培养女儿做一个懂得感恩、懂得传播爱心的孩子。无奈运送物资的路上总是充满了各种不确定因素，考虑再三后，曹永祺还是决定等孩子再长大一些再参与到自己的志愿服务当中。

爱心和责任，是一把可以传递的火炬，相信未来有一天，他们可爱的女儿也会踏上父母这些年走过的路。

曹永祺和妻子贺桂梅为学生发放爱心棉帽

### ✦ 失而复得的爱心物资

　　第二批冬季爱心物资终于到了。曹永祺决定连夜装车，第二天一大早就赶往300多公里以外的阿图什市哈拉峻乡昂额孜小学。由于这里的冬天也经常出现下雪、路滑、结冰等情况，路途中存在着一些危险因素，因此对于这段路程，曹永祺心里多少还是有些打鼓。只是每次想到孩子们拿到物资时开心的样子，自己的内心便完全不再害怕。

为了确保爱心物资顺利送达，曹永祺提前和阿图什市哈拉峻乡政府约定，他们到阿图什市阿扎克收费站时，把爱心物资转到乡政府安排的一辆大货车上，继续前往学校。下午2点左右，曹永祺一行到达了阿扎克收费站。搬运货物时，曹永祺向哈拉峻乡的工作人员询问前方的路况，工作人员告知："还有两个小时的车程，全是戈壁路。"

换完车辆再次启程时，已是下午4点了。因为学校7点要放学，而且明天是周末，所以曹永祺一行再次面临时间上的考验。车辆离开阿图什市没多久，柏油路就变成了戈壁滩，一路的颠簸让车上的人不太好受。在距离学校还有75公里的时候，司机突然把车停了下来，连续的颠簸已经把车的尾灯颠下来了。贺桂梅赶忙问："还能继续走吗？"得到司机肯定的答复后，曹永祺和贺桂梅长舒了一口气："因为在戈壁滩里，手机信号也没有，万一车子走不了了，物资到不了，那可真是叫天天不应，叫地地不灵。"好在是虚惊一场，车辆继续向前行。

因为时间紧迫，曹永祺一行人没顾得上吃午饭，就在车上边走边吃了一份凉饺子。饺子是曹永祺的一个朋友提前在哈拉峻乡准备的，朋友知道他们早上出发到现在，一路还没有吃东西，就赶忙准备了。曹永祺在运送物资的途中，时常能得到当地朋友的热心帮助，因为大家都深知曹永祺一旦忙起来，就什么都顾不上了。现在幸亏有了这份饺子，可以垫一下肚子。

当车辆继续行驶了10多公里，到达哈拉峻乡的一处检查站时，曹永祺突然发现一个意外情况，货车的货箱门不知道什么时候被颠开了。曹永祺赶忙爬到车厢里，检查里面物资的情况。"1、2、3、4……两个，暖流包掉了两个。"得知物资丢失了两个之后，曹永祺心里一下难过起来。从那么远的地方把物资拉回来，就想着能送到每个学生手中，这下少了两个，意味着两个孩子这个冬天收不到爱心物资了。

曹永祺在检查站里向工作人员请求，能否帮助询问一下过往车辆，是否有两件丢失物资的下落，那里面装的是给学生们过冬的衣服。发现物资丢失的时候，已是傍晚6点多了，但还有一个小时的路程。为了争取在晚上7点前赶到学校，曹永祺一行只好在寻求检查站工作人员的帮助后，又匆匆赶往学校。路上，曹永祺想着和学

在阿图什市哈拉峻乡发放暖流包

校老师先说明一下情况，之后再通过一些方式把这个事补救。无奈和沮丧的心情，似乎让剩下的这段路程变得格外漫长。

晚上7点半，曹永祺一行才终于到达学校。就在此时，检查站的工作人员打来电话，告知有过往车辆的司机捡到了丢失的爱心物资，已经交给了检查站。得知物资找回后，曹永祺和妻子激动地拥抱在了一起，曹永祺说："这种感觉，就像是中了五百万大奖一样！"

给阿图什市哈拉峻乡昂额孜小学发放完物资后，天已经黑了。学生们纷纷打开爱心包里的手电筒，在月光下高兴地挥舞着，为曹永祺一行送行。和来时相比，回家的路途显得轻松多了，那两件失而复得的物资，仿佛是上天冥冥之中庇护着这对爱心传递员。

### ✦ 分秒必争的爱心贺礼

2022年新年前夕，曹永祺决定启动阿克陶县皮拉勒乡霍伊拉阿勒迪村小学爱心音乐教室的改造工程。两个月前，曹永祺来过这所乡村小学，了解到学校的音乐教室条件比较简陋后，决定用募集的公益款帮助学校改造一下音乐教室。因为他知道，天生能歌善舞的新疆孩子们需要一个整洁明亮、设施齐全的活动场所。距离元旦还有10多天的时间，曹永祺希望能够加快一些工程进度，争取在元旦到来前，"暖流"教室全部建成并投入使用，给这里的孩子们送上一份新年礼物。

　　在施工现场，曹永祺询问工人大概还需几天完成。工人告知："还得八九天时间，因为有些东西必须定做，不是马上能拿来安装的。"曹永祺心里盘算着，八九天时间，可能会赶不上孩子们的元旦活动了。"稍微多找两个人来帮忙，给孩子们送上一份礼物。"曹永祺向施工方人员请求道，"后续里面还要进桌椅板凳，四五天时间可以吗？"施工方人员看得出曹永祺急切的心情，答应尽力完成。"四五天时间。"曹永祺更坚定地强调了一次。

和孩子们一起庆祝"暖流"教室建成

　　几天之后，音乐教室如期竣工，曹永祺和妻子贺桂梅来到阿克陶县皮拉勒乡霍伊拉阿勒迪村小学，和学生们一起庆祝音乐教室改造完成。庆祝活动上，学生们在焕然一新的音乐教室里伴随着歌声，集体为曹永祺和贺桂梅表演了手语操。

"听我说谢谢你，因为有你，温暖了四季；谢谢你，感谢有你，世界更美丽。我要谢谢你，因为有你，爱常在心里；谢谢你，感谢有你，把幸福传递……"看着孩子们认真准备的节目，曹永祺和贺桂梅的眼眶湿润了，两人动容地给孩子们鞠了一躬。两万多公里路程，100多所新疆的乡村小学，为3万多名孩子发放了价值600多万元的书本、衣物、器材等爱心物资，这是曹永祺10年志愿服务生涯交出的答卷。曹永祺夫妇披星戴月的奔波、十几年如一日的坚守，每一滴流过的汗水和泪水，温暖了这些偏远山区的孩子们，真的把幸福在祖国的边陲传递。

曹永祺说，自己只是一名搬运工，把社会上爱心人士、公益组织和企业的爱心，转运到边疆乡村孩子们的手中，只要因为自己的到来而让他们的生活发生一些变化，那么再多的辛苦都是值得的。"不忘入疆初心，牢记志愿使命"，这是曹永祺的座右铭。这位目光坚毅的西北汉子，会将这份初心与使命同那"暖流"一起，在广袤的大地上一直传承下去。

## 人物档案

扫码观看纪录片

姓　　名：木本源

出生年份：1980 年

职　　业：拉市海候鸟湾湿地生态公园负责人

工作地点：云南省丽江市玉龙纳西族自治县拉市镇美泉村

"我自己经历的这些事情，要是没有发生在我的家乡，
我早就甩摊子走人了。但是在这里，我不能走。"

# 探索乡村旅游转型升级之路

大美风光，本想让村民吃上旅游饭，每家每户都奔上小康路。却不料，湿地破坏，环保整治，拉市海遭遇转型阵痛，村民们两年间没了收入。一个纳西族汉子，如何带领村民走出困境，探索出一条旅游转型升级之路？

## ✦ 破局之道

拉市镇，隶属云南省丽江市玉龙纳西族自治县，位于丽江古城西约8千米，因其风光秀美而素有"丽江后花园"的美誉。早在2004年，木本源就返乡创业，带领拉市镇村民发展骑马特色体验游，让这个名不见经传的地方成了丽江旅游的后起之秀。木本源也成了村民眼中的致富领路人。

然而，随着近年来环保整治的深入开展，政府对马匹数量严加限制，拉市镇的村民顿时少了许多收入。42岁的木本源苦苦思索破局之道，他把目光盯向民宿开发上面。他想带领大家开发农家特色民宿游。但让他头疼的是，村民养在家里的马，却从过去骑马体验游的摇钱树变成了如今农家民宿游的大障碍。

到底该如何处理这些马呢？木本源的想法是把村里所有的马统一圈养在山上，远离村庄，由专人看护。这一天，他在美泉村召开村民大会，听取大家意见，一起协商对策。

木本源先做开场白："环保整治开始后，我们的马匹少了，游船也被取缔了，骑马游越来越难做了。大家都说一下，愿不愿意开民宿，愿不愿意把马牵到山上，畅所欲言。"

一位老年妇女第一个发言，她支持木本源的想法，说："我家现在就可以开民宿，床、被子都是现成的。加上我也老了，马也牵不动了，没有收入了。搞起民宿来我才有收入。"

其他村民也附和她的说法："前几年旅游靠牵马挣了一点钱，现在停业两年了，两年都没有收入，你说着不着急？赶紧开民宿，才能有收入。"

"也不能急着开。我们要统一规划一下，首先得把马牵出去。"木本源说。

一个年轻的村民站起来反对说："我代表养马的说几句，我不赞成人马分离。我养了十几年马，所有的收入都靠这些马，我把马看成我的孩子。你要把我的孩子分离出去，牵到别的地方，牵到什么地方去？我也不愿意别人喂，也不放心别人喂。"

另一个村民立马反驳说："你家里开了个客栈，你又把马拴在家里，满家里都是马尿味、马屎味。我们自己习惯了，倒是觉得没味道，可是城里的人来了，一闻全是屎尿味，怎么住啊？别想一晚上挣30元、20元，最后人家肯定会说'算了算了，不住不住。'"

拉市镇马帮文化历史悠久。过去很长一段时间，骑马游都是当地村民的重要收入来源。

随着骑马游收入锐减，村民们主动向民宿转型。但马养在家里，会对民宿环境产生不好的影响，木本源便在山上建起了一座新马场，希望将村民家里的马集中喂养，创造良好的住宿环境。

这座新马场建在山上的农田边，有两排马圈，每排设计容纳150匹马，共可容纳300匹马。新马场的规划充分考虑了环保要求，它专门设计有排污通道和化粪池。排污通道在马屁股的一端，马的粪便很容易排泄到排污通道里。排污通道将近半米宽，为的是方便用铲子清理。然后放水冲刷，便可把粪便冲进化粪池里，以后又可

山上的新马场

作为肥料供给周围的农田。木本源谈起新马场的好处头头是道："这儿离水源远，离拉市海远，离村庄远，可一次性解决镇里的环保问题，让拉市镇的人居环境得到很大改善，真正成为美丽乡村。"

## ✦ 游说木云七

新马场建起来了，但要想让大家把马牵上山，木本源还需要费上一番口舌。一天下午，木本源决定到本家叔叔木云七家走访，说服他同意自己的计划。

木云七是美泉村众多牵马户中的一个，一家三代人住在老宅中，前些年靠养马牵马改善了家里的生活条件。木本源看到他牵着两匹黄马从外面回来，问道："叔，今天驮了几趟了？"

"就驮了一趟，游客有点少。"木云七有点失落。他把马儿牵进院子就放开了，马儿在院子里兴奋地跑来跑去，还在地上打起了滚，就是迟迟不愿回到马厩里。

"马老不骑就调皮了，现在有点不听话了。"

"因为骑的人少，"木云七用木棍敲打着马的屁股，把马赶进厩，喂上了饲料，有点忧伤地说，"这两匹马就像我家里的成员一样，要把它们搬出去，就觉得有点舍不得。"

木本源宽慰他说："它会慢慢习惯的，你也会慢慢习惯的。就像你家女儿远离家里上初中，一开始你不也是舍不得？要独立生活，你肯定也担心她。可是慢慢地，女儿去了学校也适应了，你也不用担心了，看现在多好。"

木云七从2006年开始养马牵马，刚开始是1匹马，几年之后高峰期拥有10匹马，到现在还有6匹马。靠这6匹马的收入，木云七买了一辆小轿车，又盖起了二层小木楼。照以前的收入，这个二层楼早就盖起来装修好入住了。然而，最近这两年的生意不好做，收入锐减，房子盖成了烂尾工程。

于是，木本源将他作为重点突破对象："村里像我叔叔（木云七）这样的牵马户总共有150多户。像我叔叔这辈人，是我重点工作的对象。只要说得动他们，我们村就可以做起民宿来。"

村民们把马当作家人

## ✦ 昔日的辉煌

这已经不是拉市镇第一次面对转型的挑战了。2006年,丽江古城的旅游业逐渐红火起来,巨大的客流量使得古城用水变得紧张。为了满足古城的用水需求,政府将供应丽江饮用水的拉市海先后两次扩容,大量土地被淹没,村民们不得不面对失地少地带来的问题,至今对当时的困境记忆犹新。一位村民说:"农民靠种地种庄稼为生,我们小时候每人有两亩地,现在一个人八九分地,地越来越少了,所以靠种地的话,就让老百姓有点吃不消了。"

对于当时的困境,木本源说得更直白:"拉市海第一次扩容,就淹没掉很多土地,老百姓已经找不到出路了;第二次扩容后,水就直接淹到老百姓的家门口了,基本上没有土地了。人均五分地,自己都吃不饱,更别说养牲口什么的。"大家都在为生计发愁,纷纷外出务工。但木本源却相反,从外地回到了家乡,他想带领村民搭上丽江古城的顺风车,端起旅游这个新饭碗。

那时候,丽江古城的游客越来越多,传统的雪山游、古城游已经不能满足游客的需求。木本源想把游客往拉市海方向引流,就找人拍了一些拉市海的风景照,做了个小册子,放在古城的客栈里做宣传。很快小册子起作用了,不时地有客栈给他打电话:"小木,过来接几个去拉市海的游客。"随着拉市海的名气越来越大,木本源和几个村民每天要接两三拨客人,都快忙不过来了。

　　同时，趁此机会，木本源组织村民们把自己养的马牵到拉市海景区，让游客体验骑马游。凭借美景和独特的骑马体验，拉市海吸引了越来越多的游客，每匹马每次都能赚50元至100元钱。生意最好的时候是七八月的暑假期间，游客最多的时候马匹都不够用，需要排很长的队，牵马的村民连饭都顾不上吃，都是边走边吃。

　　木本源也为村民的致富感到高兴，开玩笑地说："旅游红火的时候，这个季节杀年猪，请牵马户过来吃肉，他们都顾不上，只有在晚上很晚没有游客的时候才来。一天从早到晚都有游客来，他们每天要牵十几趟马。当时看到他们的微信运动数字，每人都是三万多步，每一步都是钱。每年每家能赚到二十几万元。"

拉市海候鸟湿地公园

十几年间，村民们靠着骑马观光游获得了源源不断的收入。骑马观光让拉市镇名声大振，但紧接着人们不断圈地开发新的旅游项目：热气球、划船……五花八门，在让村民腰包鼓起来的同时，也给湿地环境带来了严重的破坏。随着督察组的进驻，拉市镇的环保整治工作开始了。

木本源在湿地岸边建起的休闲接待区也成了被整治的对象，他虽有遗憾，但终于看到了环保整治的成效，拉市海又回到了曾经山清水秀的样子。拉市海周边恢复了水草丰美的样子，从西伯利亚飞来的候鸟有了过冬的栖息地。候鸟每年12月就陆陆续续飞来了，待到次年4月飞走。现在来这里过冬的候鸟已经超过3万只，其中不乏国家一级保护鸟类。

### ✦ 木本恒的失误

环境越来越好，游客的满意度也在不断提升，可眼下村民失去了经营项目，收入成了问题。有些村民着急忙慌地将自家院子改建成了民宿。

木本恒是最早建民宿的村民之一。他早年在外地经营旅游公司，收入颇丰。为了回报家乡，他于2015年盖起了一栋民宿客栈，前后6年时间总共投入1500多万元，但因为设计和软装的问题，这座外观华丽的院子至今也没能迎来一位客人。

这一天，木本源到木本恒家走访，了解客人不来的原因。木本恒带着木本源四处参观。这栋民宿客栈采用的是纳西族传统木结构建筑，共三层，飞檐翘角高耸庄重，雕梁画栋绚丽华美。

"这些木雕都是手工雕刻的吧？干起来很慢吧！"来到客栈大厅，木本源指着几件木雕作品，上面雕刻着花草龙凤的图案，问道。

"全手工，差不多用了三年时间。"

"用什么木头雕的？"

"楠木，不便宜。"

木本恒带着木本源走进三层的一间房屋，说："这一间能看到我们村的全部风景，视线特别好。"

透过雕花的窗户，全村的风景都映入了眼帘，只见村里民居鳞次栉比，各具特色。虽然视野好，但木本源觉得木本恒走的是高端路线，不如中低端的民宿适合游客。

"在你这里住宿，感觉不如在对面那些普通民居里住着舒服，

木本恒家的民宿客栈

221

太高端了。"木本源说出自己的感受，"房间也有点矮，伸手就能摸到屋顶。还有，房间的隔音不好，要加一层隔音膜。隔音解决不了的话，游客就没法住。而且，采用雕花的木头窗户，透光不好，不如改成普通的铝合金窗户。"木本源给出了建议。

## ✦ 请教那日斯

从村里刮起民宿风的那一天起，木本源最担心的就是出现一个又一个"木本恒"。为此，他一直在寻求专业人士的帮助。这一天，他邀请国内知名的建筑设计师那日斯来拉市镇看一看，为当地开发民宿出谋划策。

那日斯做农村项目很多年了，有设计农村建筑的丰富经验。他欣然答应木本源的邀请，很快来到拉市镇。他希望通过自己的建议，让当地人知道应该怎么跟环境相处，跟自己的传统文化相处。那日斯对农村有着天然的情感，他承诺免费帮木本源做项目。

木本源带着那日斯先来到木本新家。木本新是某校旅游管理专业的大二学生，正是在他的提议下，他家将三间民房改建成了民宿。但在那日斯看来，木本新家民宿的很多细节都做得不到位。

那日斯建议说："厨房首先要保障卫生条件，墙面、地面都要干净整洁。……在起居室上厕所怎么办？上厕所还得跑下去，这就是问题。农村民宿游是让城里人来体验农村生活的，但基本的舒适度、方便度还得保证。木房子最麻烦的地方就是洗澡间不配套。你可以把房间分成几个层次，比如最好的房间有独立卫生间，或者很方便的室内卫生间，还得方便洗澡。当然，洗澡不只是要有个空间，还得考虑热水的来源，供热水的持续时间和能力。比如说四五个人同时洗澡，水温能不能保证？还有保暖的问题。可以在木墙中间加保温层，保证室内暖和舒适。此外，其他一些方便性的设计必须要考虑，现在人们的生活都追求便利。就拿你这床头来说，插座倒是安上了，但客人晚上插上充电器给手机充电，手机往哪儿放呢？没地方，只能放地上。床头没有灯的开关，客人晚上上厕所时怎么开灯呢？总不能摸黑下床跌跌撞撞地找开关吧。这些问题，都是必须考虑的。"

通过专业设计师的讲解，木本源发现，村民要想开民宿还有很长的路要走。他怕大家埋头苦干，没人教、没处学，万一走了弯路，赔的都是之前牵马攒下的血汗钱。

### ✦ 向李大哥学习

隔壁村的李大哥之前在丽江古城经营民宿十几年，经验丰富，如今又在自家的院子里开起了一间民宿客栈，生意十分兴隆。入冬后的一天，木本源决定组织村民去他家参观学习。

李大哥家的民宿客栈都按标间设计，他带领大家来到一个房间里参观并介绍说："我家的房间都是标间，两张单人床或一张双人床，都有独立卫生间和洗澡间，电视、电话、电脑、网线全都配置。自来水也是经过处理的，洗手洗脸时感觉滑滑的，软软的。我专门安装了净水处理设备，利用太阳能把水软化了。"

木本源试着洗了洗手，既赞赏又羡慕地说："是的，水是滑滑的，不像我们村的水是扎手的。我们拉市镇的民宿可能就你家做过净水吧！"

"是的，很多人没想过这些。以后你们要做民宿，还得把这些想在前面。"李大哥继续带着大家到楼顶参观，"还要保证热水供应，这是我们做民宿一定要注意的事。我在楼顶做了一个太阳能加空气能的热水器，既环保又节能。我们丽江的太阳比较充足，所以我就做了个100管的太阳能，晴天一般都能保证42摄氏度以上，可以洗澡。但是遇到阴天，水温就会降到30多摄氏度，没法洗澡了，

美丽的拉市海风光

所以我就又装了一个空气能的加热器，这是3匹的，够8间房用。我还装了个温度指示器，到了晚上或遇上阴天，水温一旦低于38摄氏度，太阳能就会自动切换到空气能。经过这样设计，可以保证24小时有热水。"

这次参观学习打开了木本源和村民们的思路。一位村民说："关于热水器，我以前觉得只挂一个太阳能就行了，现在看来不是。还有一些细节像净水处理等，都特别好，应该学习。"另一位村民也深受启发，信心十足："第一是供应热水，第二是买几台电视，春节过完我就打算开始干！"

村民们还意识到，要想开好民宿，除了人性化的细节外，更重要的是要有一个好的环境。首先是大家坚定了把马牵到山上集中喂养的决心，连最顽固的养马户木云七这时也完全改变了想法："我终于想好，决定把马牵到山上去养，跟我们分开，我要在家里开民宿了。"

## ✦ 向未来出发

腊月的一天早上，木本源组织养马户一起行动，把全村的马全部牵到山上的新马场，总计200多匹。"朋友，朋友，请到纳西村寨来……"大家一路唱着纳西族民歌，一路牵着马儿往山上走。在他们看来，他们并不只是向山上走去，更是在向未来走去，心里兴高采烈，充满了美好的憧憬。

把马安排妥当后，木本源高兴地对大家说："把马喂好了，晚上请大家吃杀猪饭。"每年进入腊月，纳西族人都会选定一个好日子杀猪，准备过年。这一天是纳西族过年前最欢乐的日子，大家聚在一起宰杀年猪，烹饪烧烤，欢声笑语，其乐融融。而在今年这个腊月里，相信木本源和美泉村的村民们将更加快乐，更加充满期待，因为他们将在春节过后正式启动民宿游的转型计划。

"拉市海明年会更好！干杯！"木本源举起酒杯，痛快地饮下这杯酒。

"干杯！"村民们兴奋地站起来，举起手中的酒杯，痛快地一饮而尽。

在大家心里，木本源尽管年轻，却是最值得信赖的人。这些年他与大家一起经历过辉煌，也面临过低谷。但大家都相信，只要心里的火不灭，就没有什么能够难倒这个敢闯敢拼的纳西族汉子。

夜幕降临，木本源和村民们围着篝火，亮起了他们充满野性的歌喉："我从大山走来，肩头扛着大山的色彩。回首自己走过的道道山路，忘不了大山给我的情爱……"

## 人物档案

姓　　名：支月英

出生年份：1961 年

职　　业：乡村教师

工作地点：江西省宜春市奉新县澡下镇泥洋村

荣　　誉：2014 年荣获"全国模范教师"称号，2019 年被授予"最美
奋斗者"荣誉称号，2021 年荣获"全国五一劳动奖章"，
同年荣获"全国脱贫攻坚先进个人"称号，并入选第八届
"全国道德模范"等。

*"我没有退休这个概念，我会一直干到我干不动的那天
为止。"*

# 扎根深山四十载，一生只做一件事

乡村教师支月英扎根深山 40 多年，燃烧青春，播种希望。从"支姐姐"到"支妈妈"再到"支奶奶"，从点亮一间教室，到点亮山里的一片天空，将 1000 余名贫困山区的孩子送出大山，资助 20 多名贫困家庭学生顺利完成学业，成为山里孩子的"梦想守护人"。

## ✦ 恶劣环境——不惧

"人有两件宝，双手和大脑。双手会做工，大脑会思考……"琅琅的书声响彻在这片幽静的大山中。窗明几净的教室里，孩子们捧着课本大声朗读，给孩子们上课的是位"00后"小胡老师，一位梳着麻花辫，两鬓有细纹，但笑靥如花的老师坐在后排听课。看着讲台上声情并茂的小胡老师，她好像看到了自己年轻时的身影。19 岁的她第一次走进这座大山，一晃 42 年过去了，如今已经到了退休的年龄，但她仍选择留在大山里任教，也想着把自己在这个山村里 40 多年的教学经验传授给年轻人。她与大山里的孩子发生了哪些事，为什么她如此留恋这里？故事还要从 42 年前说起。

这位坚守大山四十载的老师名叫支月英。1980 年，年仅 19 岁的支月英从当时的江西共产主义劳动大学毕业后，考取了教师资格。那时，她听人介绍说，奉新县澡下镇泥洋村缺老师，那里虽然离她的老家有200多公里，还是在山沟沟里，但是怀着当老师的满腔热情，她决定去那里任教。当时，她的想法遭到了全家人的反对。

支月英深夜备课

"当时妈妈和我说了狠话，她说如果我去那里教书她就不认我，然后我就软磨硬泡，妈妈知道我的脾气，我从小就是一个很犟的人，只要是我认定了的事，我就会做到底。"支月英对当时的场景记忆犹新。

倔强的支月英辗转了各种交通工具，最后还要步行20多公里，只身来到了泥洋小学，而这里的情况比她想象得还要糟糕，如果不是村民介绍，她绝对想不到眼前这个破烂的土泥房竟然是全村仅有的学堂，没有围墙，背后就是幽深的大山。走进教室，坑坑洼洼的地面，脱落的墙皮，两块板子拼成的黑板，中间还夹着粗粗的缝隙，桌椅也是拼拼凑凑、歪歪扭扭的……支月英的心一下子凉了半截，甚至打了退堂鼓。

当天晚上，她彻夜难眠，甚至已经做好了决定，等第二天天一亮，就马上离开这里。但是第二天一早，当她推开房门，眼前的景象彻底改变了她的想法。

"我打开门后看到孩子们都来上学了，然后孩子们看见我一下子就把我围住了，他们的小脸脏兮兮，小手脏兮兮，身上也脏兮兮的，让我印象最深的就是他们的那双眼睛，那眼神我现在想起来跟现在孩子的眼神不一样，既害怕又纯朴，是一种求知的眼神，我心里就想既然来了，也不忍心走了。"19岁的支月英就是被这一个个求知若渴的眼神打动了，她告诉自己，既然来了，就有使命，就要在这里扎根！

20世纪80年代的泥洋小学破旧不堪，蛇虫叮咬、老鼠乱窜更是家常便饭。有一天晚上，一只虫子钻进了支月英的耳朵，虽然最后取出了虫子，但她的一只耳朵却失去了听力。"平时我睡觉的时候都要在床头放根木棍，因为山老鼠特别多，晚上活动起来就跟练兵似的，有一次我觉得好吵，就拿着木棍也跟往常一样使劲敲，平时敲两下就会安静下来，而这次怎么敲声音都没有停止，然后我打开灯一看，一条又大又粗的蛇就在我的床头，我钻进被子里一个晚上也没敢睡觉。"诸如这样的事情数不胜数，但在支月英看来眼下

最艰苦的还不是生活环境，而是当时人们重男轻女的思想，支月英
为了让每个适龄的孩子都能上学，只要有空闲时间，她就会跑到村
民家里做工作。除了做家访，放学后把孩子们一个个送回家，也是
支月英几十年来形成的习惯。尽管当时班里只有几十个孩子，但是
大家住的地方比较分散，把孩子们送回家，往往要花费好几个小
时。支月英就在这繁忙的工作中度过了一日又一日，而陪伴家人的
时间少之又少。因为回家一趟要两天时间，为了不耽误学习进度，
支月英便很少回家，直到有一天，她的母亲辗转来到这里看她。

## ✦ 寸草春晖——愧对

"妈妈当时是坐班车来的，从南昌开到奉新，那个时候都是泥
沙路，一路颠簸，我去山下接她的时候，她对我说女儿终于到了，
其实她不知道离学校还有几十里，我只能跟她说，妈妈不远了，我
们走吧，走着走着，妈妈知道我在骗她，她说你在信里不是说这里
也好，那里也好，这就是一个穷山沟，你必须得跟我回去，我说妈
妈你这样做也太急了，如果我就这样走了，这里的孩子怎么办？眼
下去哪里请老师，你总要给我一些时间……"支月英就这样把母亲
给"打发"了。

母亲后来又和支月英通过几次话，极力劝说支月英下山，她不
想让女儿在那里受苦，天天盼着能与女儿团聚。然而支月英始终没
有走，不承想，那次与母亲一别，竟是母女俩最后一次见面。

"后来妈妈得病了，得病的时候我也没有时间去照顾她，因为太远了，回一趟家要好几天，然后这里还要上课，我也没想到妈妈的病那么严重，后来妈妈病重、临终的时候还在恳求我，她说女儿，妈妈求你了，你答应过我要回来的，你在那里太苦了……"支月英扭头望向窗外，许久没有说话，时间仿佛凝固了一样。

"其实那个时候我心里真的很痛苦，我不是一个好女儿，妈妈病重的时候我没有给她倒过一次水，我一直待在大山里，后来妈妈带着对我的牵挂走了。"眼泪顺着支月英脸上的皱纹流淌下来。

除了愧对妈妈，支月英的女儿支娟也是让她愧对的人。由于大多数时间都待在泥洋小学，支月英只能把年幼的女儿带在身边。在女儿的印象里，自己从幼年到少年时期，一直就和泥洋小学里的孩子们生活在一起。"我是吃百家饭长大的，妈妈照顾学校里的几十个孩子，反而照顾不到我。妈妈每天都在接送其他孩子，我要么跟邻居，要么和比自己大一点的哥哥姐姐玩，一天到晚都看不见妈妈。"支娟说她小时候特别不理解妈妈，甚至背地里哭过好几次，她觉得妈妈更爱她的学生，不爱自己。长大后，支娟渐渐理解了妈妈，觉得妈妈很伟大。

"前不久我女儿给我讲了一件事，我坐在那里真的好伤心。女儿说，妈妈你知道吗？那个时候你去帮村民干活，我要去上学，就自己炒菜，但是上学的路上我不小心把菜弄掉了，我就吃了一个礼拜别人给我的豆腐乳。"支月英难过地继续说道："我根本不知道这件事，当时我听到女儿这样说，眼泪就忍不住流下来了。"虽然支月英深知很多时候愧对女儿，但她也知道，她的心里住着的不只是自己的女儿，还有大山里所有的孩子。

支月英给来访者讲述过去的故事

✦ 呕心沥血——苦乐

在破旧的小学里度过了几年后，学校开始改建，整个暑假支月英都待在工地上，给建筑工人们帮忙，直到这座砖石结构的小学建成。

在奉新县的这片山区，毛竹是重要的经济来源。双休日和寒暑假，为了帮助那些交不起学费的孩子，也为了补贴家用，支月英就到高处的林场去给大卡车装毛竹，虽然一天只能赚几毛钱，但一个假期下来，也能攒下不少钱。而在一次装运毛竹的过程中，支月英差点丢了性命。

"有一次装车出车祸，大货车翻了，我就跟着大货车翻了几个滚。所以从翻车的那个时候开始，我每天都活在感恩之中。我在想如果那天我死了，今天还有我吗？难道我不能为山里做点事吗，当别人说我傻的时候，我承认我是很傻，但是山里需要我这样的傻子，如果连我也走了，大山里的孩子谁来教。"这次事故，支月英虽然保住了性命，但因此伤到了眼睛，由于眼底出血，导致她的右眼几乎没有了视力。

支月英送孩子们回家

20世纪80年代末90年代初，山里的交通状况略有好转，这时支月英学会了骑摩托车，她与别人合伙买了一辆二手摩托车，每次去山下开会或者回县城，山路上就多了一个英姿飒爽的身影。

"那个时候我骑摩托车在山路上跑，有人看见后就把所有人都叫过来看我，说你们看骑摩托车的女的好厉害啊，然后小朋友一看到就说我好厉害。因为我个子比较高，还梳着两条大辫子，骑在摩托车上，我的辫子会随风飞起来，很威风，所以很多人叫我女汉子。还有一辆摩托车，车头因为摔坏了一直是歪的，别人见了都不敢骑，但是我骑了好多年习惯了，我骑得很好。"支月英眉飞色舞地讲述着她当年雷厉风行的情形，脸上满是欢喜与骄傲。

几十年时间，支月英在这条盘山路上共骑坏了6辆摩托车，直到几年前她的视力再次下降，才彻底告别了摩托车。

## ✦ 青丝成雪——不悔

2012 年，山里很多小学都撤销了，包括支月英所在的泥洋小学，县里准备让支月英到山下一所学校任教。但是同属于泥洋村的白洋洞还有一个教学点，这里只有十几户人家，如果没有人愿意来教书，这里的孩子上学就成了问题。听闻支老师要走了，村里的老百姓纷纷上门来找支月英。

"支老师，您是要调走吗？"

"支老师，您走了，咱们的孩子怎么办呀？"年迈的奶奶步履蹒珊地走来，拉着支月英的手，满眼恳求地说。她不想让孙女像她一样目不识丁，希望孙女长大后也做像支老师这样有出息的人。

"支老师，您来教我们识字吧！"依偎在奶奶身边的小姑娘拽着支月英的衣角，怯怯地说。

"支老师，留下来吧。"十几户村民追着支老师。

"你们这么看重我呀？"支月英被大家团团围住。

"支老师，留下来给孩子们上课吧。"

"好呀！"支月英冲大家点了点头。

"支老师，您答应了，您说好了！"村民们高兴地握着支月英的手，心里的石头终于落了地。

"其实我也没想到要来这里教书的，我当时就应了他们一句，但是大人说话要算数的，我们当老师的教学生都要诚实守信，既然我答应了去那里就这样来了，当时我的家人反对，朋友反对，我丈夫气得要把我的被子给扔了。他说全世界除了我没有第二个比我傻的人。"支月英憨笑着，她知道她终究是要留下来的，只要这里还有学生，她就不能离开，她说到了，也做到了。

"教育意味着一棵树摇动另一棵树，一朵云呼唤另一朵云。如果可以，我愿意永远留在大山，守着孩子们，做那棵树、那朵云，给他们绘上知识的色彩，让孩子们接受好的教育，走出大山，实现自己的梦想。"支月英深情地说道。

"我们的孩子在大山里学习，我们的学校依山傍水，我经常会带着孩子们来山里走走，沿着山路，听泉声，听鸟叫声，听大自然的声音。"在大自然中教学，也是支月英多年实践出来的适合山区孩子的教育方式，她想把自己多年知识的积累，尽快传授给像小胡这样年轻的老师。

"其实，我做的事情，大家都能做到。就像我们奉新县的老愚公大坝，20世纪60年代，这个大坝是全县数万群众花费3年多时间，人挑肩扛，一点点把它垒起来的。我每次走到这里，都会停下来歇歇脚。'愚公移山，改造中国'这八个大字给了我勇气，我没有退休这个概念，我会一直干到我干不动的那天为止。"

白洋教学点新校舍建成时，支月英为学校设计了一个校徽：三棵绿树之间，一只白鸽展翅飞翔。绿树，是这大山；白鸽，是每一个能自由飞出大山的孩子。校舍的墙壁上写着一句打动人心的话：给孩子温暖，给孩子希望，给孩子梦想。

新建的白洋教学点

## 人物档案

姓　　名：呼斯楞

出生年份：1982 年

职　　业：歌手

工作地点：内蒙古自治区巴彦淖尔市乌拉特前旗白彦花镇

荣　　誉：2005 年在中央电视台第一届星光大道比赛中荣获月度冠军、年度季军，2023 年荣获 2022 年度"三农人物"。

"文艺工作者要走的路，就是得扎根到基层，得到人民中间去，得去反映他们的生活，而且得为人民而歌唱才行。"

# 情系草原的歌者

从 2020 年开始，呼斯楞和伙伴们联合内蒙古自治区各地乌兰牧骑演员，以天为幕，以地为台，四处巡演，为草原上的乡亲们送去了无尽的欢声笑语和精神食粮。

## ✦ 连夜返乡寻找演出场地

"沉默的流淌从未改变，莫尼山，连绵不断……"夕阳下，一辆黑色的轿车风尘仆仆地由呼和浩特市开往巴彦淖尔市乌拉特前旗白彦花镇，这是蒙古族青年歌手呼斯楞从小生活的地方。"既然回来了，就吹一下故乡的风。"呼斯楞心想。他打开车窗把手伸出窗外，一阵寒意很快顺着他随风挥动的手臂蔓延全身。12 月底的巴彦淖尔已经很冷了，天色也早早就暗了下来。"来家乡，所有人都知道这首歌是我唱出来的，而且唱的就是家乡的歌。很多人也是通过这首歌认识了莫尼山，才知道这是什么地方。"呼斯楞一边感叹，一边哼着《莫尼山》，脚步离家乡也越来越近。这次在年前连夜赶回家乡，是为了一场期待已久的演出活动。

场地不一样，观众不一样，每次演出的感觉也不一样，就像《鸿雁》这首歌，呼斯楞唱了无数遍，但是每次现场歌唱的感觉都不一样。他想趁着过年给白彦花的父老乡亲们也唱上一场，既是在年前让大家热闹热闹，也是给乡村振兴出份力，给家乡的父老乡亲们交一份答卷，向乡亲们交代一下他这一年都干了些什么。这也是他打算回家乡举办这场演出的原因。

呼斯楞所说的演出活动是他和蒙古族舞蹈家李德戈景一起组织的"最美——呼斯楞、李德戈景走遍蒙古千村百场巡回演出"，从夏天到冬天，从村里到牧区，再到边防，只要是老百姓需要的地方，他们都会去，逢年过节不例外，重大的节点更不必说，他们都是用这种"最美"的方式去歌颂我们的党，讴歌我们的祖国和人民。

以天为幕，以地为台，四处巡演，从2020年8月到现在，这样的演出已经有33场了。

呼斯楞和蒙古族舞蹈家李德戈景在草原上为农牧民演出

回到家乡，在哪里搞一场演出呢？呼斯楞心目中有一个特别好的地方。"那个剧场是五几年盖的，也算是文物了，如果能够叫上弟兄们在那儿搞一场精美的演出，那感觉一定好极了！"呼斯楞开心地想。

看完老房子，他就马不停蹄地找到白彦花镇镇长金乐，一起来到了自己小时候十分熟悉的镇影剧院。白彦花镇影剧院就是他心目中那个最好的演出场所，这里是他小时候第一次登台的剧场，也是他走向艺术人生的第一个舞台，他至今都清楚记得当年在这儿演出时的情景。

进入影剧院，大屏幕上正在播放《军统特遣队》，"这可是老片子啊！"呼斯楞一瞬间有些恍惚，仿佛回到了小时候和爸爸妈妈来影剧院看电影的时光。"这些老片子可珍贵了，中国共产党成立 100 周年的时候，我们专门在这里连续播放了一个礼拜老片子，"镇长介绍道，"那个时候，像你妈妈那个岁数的人都过来了，有两姐妹坐在最前头都看哭了，那就是勾起她们小时候的回忆了。"镇长金乐滔滔不绝，呼斯楞也分享起了自己第一次在这里登台表演的经历："我第一次在这儿，不是唱歌，也不是跳舞，我在这儿演的是小品《卓别林学艺》，当时家里的好多老人和亲戚朋友们，看见我穿了一条特别肥的裤子，把老爸的皮鞋穿上，戴着个礼帽，贴着小胡子，拿了个拐棍，我一出场，大家就哄堂大笑。"

再次回到白彦花镇影剧院，熟悉的场景，难忘的记忆，呼斯楞

呼斯楞人生中第一次登台表演的白彦花镇影剧院

忍不住放声歌唱："我说那草原上人们的心灵，心灵最美丽……"此刻，他更加坚信，"最美"要是能在这个舞台上演出，那感觉一定棒极了。

## ✦ 临时组建演出团队

确定了演出场地，呼斯楞又匆匆返回呼和浩特市，开始联系组织参加演出的人员，想争取让演出活动尽快举行。他决定先跟蒙古族舞蹈家李德戈景沟通一下演出事宜。很可惜，李德戈景的档期已经安排到年底了，他次年1月1日才能回到家乡，这与呼斯楞计划演出的时间冲突了，之前一起在农村巡演的李德戈景没有时间参加，这让呼斯楞有些意外，也开始着急起来。

他抓紧时间又联系了其他几个人，接连打了几个电话，不是无人接听，就是没有演出时间。"他们都忙什么呢？"呼斯楞的着急又多了几分。很多时候，演出的演员固定不下来，就是因为做一场活动得跟每一个人沟通时间，把最合适的演员在同一个时间点聚齐确实不是一件容易的事。尤其是临近年底，往往是演员们最忙的时候，在这个时候临时组织起一个演出团队，的确有不小的挑战。但是，呼斯楞并不打算就这样放弃回家乡为乡亲们演出的计划。

再三思索，他决定直接去内蒙古艺术学院当面邀请演员。

"白老师好，白老师好久不见。"

呼斯楞来到了内蒙古艺术学院，找到了白萨日娜老师。白老师是马头琴博士，也是内蒙古的第一位马头琴女演奏家，是呼斯楞的老乡，也是"最美"演出中最重要的成员。

"一路我们30多场演出，你也就落过中间的那么两三场，现在任务又来了，年底我们想搞一场演出，一个是大家要准备迎新年，另一个是咱们从脱贫攻坚到现在乡村振兴，我想要用我们'最美'的形式回到老家，在我们的家乡搞一场演出。"呼斯楞开门见山，诚挚地邀请白老师加入演出团队。

"几号啊？"白老师问道。

"现在是想定在26、27号的样子。"呼斯楞期待地看向白老师。

正好当天晚上，内蒙古艺术学院就有学生要开音乐会，白老师和呼斯楞一拍即合，决定从表演的学生中挑选几个人加入演出团队。这也正是"最美"团队的初心，不仅是团队中的人带头为老百姓演出，而且还要挖掘人才，给年轻的音乐人一个机会，让他们在草地上，在没有舞台的舞台上，近距离地演出和表演。这对年轻人来说是一个很好的锻炼机会，也是将这种"最美"的表演形式延续下去的一个好办法。

组建演出团队的事儿终于有了转机，呼斯楞心里乐开了花。

呼斯楞草原演出现场

## ✦ 演出终于如愿举行

在呼斯楞的四处邀请下，回家乡演出的团队终于基本组建完成。眼看演出计划即将顺利进行，可就在这个时候，老家白彦花镇镇长金乐打来的一个电话，让呼斯楞心里凉了一大截。

"不让演出？"呼斯楞顿时紧张了起来，"我们不带人的情况下，几个演员在舞台上感受一下那个感觉行不行？"呼斯楞试探地问道，"这个不行的话……"显然，镇长再次否定了呼斯楞的想法。

原来，受内蒙古地区提升疫情防控级别的影响，区域内禁止室内大规模人员聚集，这就意味着呼斯楞之前选定的白彦花镇影剧院不能作为演出场地了。本来是想召集家乡的老百姓，在白彦花镇影剧院好好地为大家唱上几首歌，在年前热闹热闹。好不容易组建好演出团队，没想到演出场地出现了变故，这可怎么办呀？呼斯楞不想就这样放弃。

"你能不能给我找两户人家，或者我们去黄河边上？"呼斯楞尝试换一种演出方式。"咱们那边也近点。没错，一定要把控好……不行看看明天下午，我这已经沟通好了，邀请我们'最美'的朋友过来……"呼斯楞耐心地说服镇长。

在与镇长金乐沟通后，呼斯楞临时决定把剧场演出的方式改成到农牧民家中一场一场演出。

终于到了回家乡演出的日子，却赶上了大雪天气，蜿蜒的路上，一片大雪白茫茫。为了准时到达演出场地，呼斯楞一大早就带领着演出团队自发组织的车队出发了。车队在雪地里艰难前行，经过四个多小时的奔波，终于到达了白彦花镇先锋村。

呼斯楞的到来，让村民们既惊喜又好奇，演出的院子里很快就围满了村民。

"终于看见真人了。"村民们刚进院子就感叹道。

"是吧，认识我不？"呼斯楞立马转身，亲切地回应着。

"认识！"村民们一起笑着说。

"我就是这白彦花人。"见到乡亲们，呼斯楞也显得格外兴奋。

"我们心里热乎乎的，怎么都没有想到呼斯楞能来我们农村小院来演唱，还带着他的团队。""呼斯楞，那是我们巴彦淖尔的骄傲，这么冷的天来给我们演出，唱得又好，表演得又好，想也想不到!"村民们七嘴八舌地交流着。

这时，先锋村的书记走上前来，让村民们往中间靠了靠，呼斯楞说："今天不光是我自个儿来，我还带着我们的'最美'团队，年前，我说回家乡看看大伙，也看看大伙这个年准备得咋样，给大家鼓鼓劲儿。"白彦花镇先锋村是当地有名的乡村振兴村，呼斯楞觉得"最美"团队一直在做文化演出，自己又是白彦花人，他有必要也有义务把这些演出带回家乡来。

演出终于开始了。村民们激动地鼓掌吆喝着。

呼斯楞提议："让刘海老师给大家亮亮嗓子好不好？"

看着院子里没有舞台，也没有音响设备，村民们关切地问：

呼斯楞带领"最美"团队奔波在内蒙古的冰天雪地里

"刘老师，你需不需要话筒？"

"不需要话筒，咱们清唱就行了，我把这棉袄脱了。"刘海老师一边脱下棉袄，一边走到台前，"我先给大家来上一段《夸河套》好不好？"

"行，好！"村民们鼓掌说道。

"黄河流水哗啦啦，兜上一段新山曲把我们河套夸，三盛公放水提起了拦河闸，肥油油的那个黄河水，顺着那渠道，就流进了河套，灌溉着农田，滋润我们心田，八百里的平川就是我们可爱的家……"一曲《夸河套》结束，天气的寒冷似乎都不存在了，现场的气氛也更加轻松起来，村民们起哄让呼斯楞来上一曲《鸿雁》。

"除了《鸿雁》没了？除了《鸿雁》还想听什么？"呼斯楞问道。

"《鸿雁》百听不厌。"村民们齐声道。

呼斯楞说："我们的家乡是鸿雁栖息的地方，《鸿雁》本是一首乌拉特民歌，这首歌在民间传唱有300多年了，但凡参加宴会，我们都得唱这首歌，但是现在这首歌变成了举国上下、全国各地都知道的一首歌。走到哪里，一说《鸿雁》，大家都知道这是内蒙古的歌曲，所以我们得一起唱。"说着，他邀请了一位村民到他旁边来。

村民腼腆地说："我就会唱个《鸿雁》，但歌词忘了。"

"我给你提醒歌词，鸿雁天空上，对对排成行……"村民在呼斯楞一句一句的提醒下，完整地唱完了《鸿雁》。

尽管没有华丽的舞台，没有专业的音响设备，演出的条件甚至可以算是简陋，但是呼斯楞和团队演员们仍然十分投入地给乡亲们表演，村民们看得不亦乐乎。

在一户村民家表演完后，呼斯楞和团队又马不停蹄地赶往了下一户村民家中。

夜幕渐渐降临，呼斯楞的团队又开始了一场新的演出。

一场又一场演出，呼斯楞和伙伴们乐此不疲。他们用歌舞给草原上的农牧民带去了欢乐，农牧民开心的笑脸，也让他们对于把"千村百场巡回演出"继续下去有了更大的信心。

呼斯楞说："文艺工作者要走的路，就是得扎根到基层，得到人民中间去，得去反映他们的生活，而且得为人民而歌唱才行。千村百场，我们还要走出去，我们还要在全国各地去施展我们的最美，这也是我们的梦想。"最美"在乡村振兴路上，而且一直在路上，我们不会停息，也不会停止。"我们相信，未来"最美"团队一定还会为草原上的乡亲们送去无尽的欢声笑语和精神食粮。

## 人物档案

姓　　名：贺星龙

出生年份：1980年

职　　业：乡村医生

工作地点：山西省大宁县乐堂村

荣　　誉：2017年获"全国向上向善好青年"荣誉称号，2017年获
　　　　　"白求恩奖章"，2018年被评为第四批"全国岗位学雷锋标
　　　　　兵"，并获"中国青年五四奖章"；2019年获"全国脱贫攻
　　　　　坚奖获奖先进个人贡献奖"，并被授予"最美奋斗者"荣誉
　　　　　称号；2020年获"全国劳动模范"荣誉称号；2021年被中
　　　　　共中央授予"全国优秀共产党员"荣誉称号等。

"我觉得在哪里当医生并不重要，重要的是哪里最缺医
生。哪里缺医生，我就去哪里。"

# 山沟沟里的健康"保护神"

他是一名村医，已经扎根乡村20余载。在这20多年间，他挽救过无数人的生命，也经历过很多次的惊险。

### ✦ 本　色

山西省大宁县乐堂村。

"喂！你怎么了？脚上扎了个钉子？严重吗？你现在在哪里？南堡子井场？好，我马上过去。"

这天上午8点，乐堂村村医贺星龙接到了村民冯荣珍的求助电话。冯荣珍正在南堡子井场的工地上干活，不小心脚上扎了个钉子。贺星龙飞快地准备了一些用于医治的必需药品，就匆忙地骑着摩托车出发了。

很快就到了南堡子井场。贺星龙找到冯荣珍，只见他正躺在地上痛苦地呻吟，前脚掌满是血，血还在不停地流着。贺星龙蹲下身子，用手抬起冯荣珍的脚观察，问道："铁钉你拔掉了？"

"是，刚拔掉的。"

"我还怕你不敢拔下来呢。看样子，这边快把脚扎透了，2寸的钉子。幸亏你的鞋底隔了一层，等一下我给你打一针破伤风。"贺星龙边观察边和冯荣珍说着话，也是在转移他的注意力，帮他减轻点疼痛感。在了解了受伤的基本情况以后，贺星龙对冯荣珍的伤口进行了清洗、消毒和包扎处理。

在乐堂村，贺星龙经常接到像这样的急诊求助，摔伤的、碰伤的、擦伤的。每当接到电话，贺星龙都会第一时间赶到事故现场，来到伤者身边，给伤者处理伤口。

"您好，贺星龙医生为了百姓就医方便，在家中能得到更好的治疗，以优质的服务为各村进行上门送医、打针输液、疫苗接种等24小时上门服务，不收出诊费。"只要拨通贺星龙的电话，这样温馨的彩铃声就会传入耳中，这是乐堂村周边地区乡亲们最熟悉的声音。从2000年开始，贺星龙就驻守在这片黄土地上，守护着村子周围方圆200多公里4300多名乡亲们的身体健康，算起来已经20多年了。

贺星龙一直坚持上门给老年人看病治疗

尤其是老年人，贺星龙给予了特别的关注。那些老人的孩子都在外边打工，他们得了病第一时间就给贺星龙打电话。贺星龙感慨地说："其实这些老人已经把我当成他们的儿子。作为医生，我也把他们当作自己的父母一样来看待。"

✦ 求　学

一位"80后"知识青年，到底是什么支撑贺星龙甘守清贫、几十年如一日地坚守在这个偏僻的小山村？这还得从他小时候的经历说起。

位于黄河东岸、吕梁山区南端的山西省大宁县，境内沟壑纵横、墚峁交错，贫困曾是这里的代名词。1980年，贺星龙就出生在大宁县西北角的乐堂村。在贺星龙12岁的时候，最疼爱他的爷爷得了一场重感冒，由于没有得到及时的救治，引发肾衰竭而去世，死时才50岁出头。这件事对年幼的贺星龙影响很大，他从此就萌生了当医生的念头。他后来回忆说："那时候我如果是个医生，我爷爷就不会那么早离开我们。"

初中毕业后，贺星龙考取了当时的山西省运城市卫生学校。可是等录取通知书下来，3200多元的学杂费让全家犯了难。贺星龙的母亲翻箱倒柜，把家里的积蓄全部拿出来，也才凑到300多元钱。贺星龙绝望了，他决定放弃学业，外出打工。

正当贺星龙准备外出打工的时候，村里人纷纷伸出了援手。乡亲们你家30元，他家50元，纷纷解囊相助，赶开学前几天，凑了

3025元钱。贺星龙感动地流下了眼泪，他发誓一定学好医学，将来回村给乡亲们看病。

贺星龙格外珍惜这次学习机会。走的时候，他只带了油炸的辣椒面，还有韭花酱。到了学校，他省吃俭用，打饭从不打菜，一顿饭只花费6角钱，买3个馒头，一个馒头2角钱。

3年的卫校学习生涯很快就结束了。毕业之际，贺星龙面临着很多就业的选择。当时，一些亲戚和一起实习的同学劝说他："星龙，别回村里了，村里挣不下钱，咱们一起去太原推销药品。"那时候推销药品特别赚钱。也有一些人想让他合伙，在大城市里开一家卫生所。然而，贺星龙想都没想，就拒绝了他们的好意，转身就回了老家。他想在家乡当一名村医。贺星龙一想起村里人，脑海里就浮现出乡亲们纷纷给他凑钱的场景。村里人看病不方便，条件不好，需要就近有医生方便看病。

贺星龙的足迹遍布山西省大宁县大山深处

## ✦ 惊 险

回到家乡以后，在父母亲的支持下，贺星龙很快就把诊所建起来了。诊所就设在父母准备给贺星龙娶媳妇的那间土窑洞。没有药品和医疗器械，贺星龙的母亲把卖玉米的460元钱拿出来，又把家里仅有的两只绵羊也卖了，一共凑了960元钱，采购了一些药品和必要的医疗器械。

然而，让贺星龙没想到的是，诊所开张两个多月，却没有一个村民前来看病。贺星龙猜想人们可能还不知道这眼土窑洞是一间诊所。于是他主动出击，挨家挨户登门去问诊。这一去，贺星龙才发现了乡亲们不愿意上门看病的原因。原来，村里的年轻人都出去打工了，留下来的大多是一些老人和孩子。这些老人得了病以后，没有交通工具，来不了他的诊所。

行动不便，怕花钱，成了乡亲们上门看病的拦路虎。看到这种情况，贺星龙心中突然有了新主意。他向大家承诺24小时上门服务，不收出诊费。对于村里一些家庭困难的病人，贺星龙就给他们赊一部分，免一部分。

免出诊费、可以随时上门看病的消息很快就传了出去，于是找贺星龙看病的人也渐渐多了起来。那时候诊所里还没有电话、手机，人们生了病，只能站在自家门口朝贺星龙家喊："星龙，星龙。"随着诊所名声的扩大，贺星龙还经常接到其他村子乡亲们的求助，人们通过一家一家的传递把病人的消息传到他的耳朵里。贺星龙一听到有人叫他，就立刻背着急救包，快步奔向病人家。

　　然而，山路弯弯，看起来就在对面的村子，实际走起来可能要花上一两个小时的时间。那时候，路不好走，也没有交通工具，贺星龙每天就是背着一个出诊包，翻沟爬坡。有时候今天叫了，明天才能赶到病人家，好多病就被耽搁了。贺星龙想了想，这样不行，于是横横心，跑到信用社贷了4000元钱，买了一辆摩托车。有了摩托车，他出诊就方便多了。

　　后来，各个村里都通了电话，贺星龙就把自己的电话号码印在名片上、贴在村子里。慢慢地，周围方圆数百里的老百姓都知道了贺星龙的名字——这个24小时随时可以出诊的乡村医生。

　　贺星龙每天骑着摩托车，给画红点点的二十几个村的乡亲们上门看病。看着不远，但绕来绕去。走小路的话三四里就能到，有时候绕大路就得走十几里、二三十里，甚至更多。

　　摩托车给贺星龙出诊带来很大的方便，只要周围村里的病人一打电话，他就跨上摩托车马上出发，节约了大量的宝贵时间。但摩托车也给贺星龙带来了潜在的人身危险。有一次，因为着急赶时间给村民贺金凤看病，飞驰的摩托车差点要了贺星龙的命。在一处急拐弯处，贺星

贺星龙出诊路上摔倒受伤是常事

龙骑的摩托车摔倒了，把他摔出去几十米，脚踝处、手背、胳膊肘、脸上都蹭破了，鲜血直流。然而，即便摔成这样，贺星龙仍然坚持去给病人看病。贺金凤看到贺星龙手上全是血，吓了一跳，问："星龙，你怎么了？"贺星龙二话不说，就俯下身子观察贺金凤的病情，让贺金凤感到十分愧疚。

还有一次是冬天出诊，由于下雪路滑，贺星龙骑着摩托车又摔倒了。本以为就擦破点皮，可没承想到了第二天，脚疼得着不了地。贺星龙跑到县医院拍片，才发现右脚内踝关节骨折，需要石膏固定并卧床休息，但他惦记着生病需要照顾的老人，没休息几天，脚上裹了个蛇皮袋子就又出诊了。

## ✦ 愧　疚

贺星龙也时不时地感到内疚。他感到对不起孩子，对不起媳妇，亏欠这个家。每当看到媳妇流泪，他心里也很难受。

陈翠萍是贺星龙在卫校时的学妹。在医院实习期间，两人相识相爱，最终结为夫妻。但陈翠萍心中一直藏着一个愿望，毕竟自己出身农村，家庭条件又不好，家里费这么大劲把她供出来，她想出去发展。即使去不了大城市，哪怕在县城里开个诊所，也肯定比在村里好很多。贺星龙表面上说行，然而根本没有出去的打算。结了婚以后，一年推一年，陈翠萍跟丈夫在县城开诊所的愿望一直没能实现。

2009年，贺星龙的两个孩子到了上学的年龄，陈翠萍再次燃起了动员丈夫去县城的希望。为了孩子，当时贺星龙也确实有点动心。在县城租个门面，最起码看病不用出去，都是病人上门看病，也不耽搁租房子，孩子上学又比较近，媳妇也可以帮忙。然而，听到贺星龙要走的风声，很多老乡都找上门挽留他。人们哭着说："星龙，你要是走了，真的我们就活不成人了。"贺星龙被那个场面打动了，他在那一刻下定决心：不走了，坚决不走了。

没办法，陈翠萍只能自己带着孩子去了县城，留下丈夫独自守在村里。那段时间，对陈翠萍来说真是一段难熬的日子。每个礼拜，只要孩子放了假，陈翠萍就得坐公共汽车回村里，给丈夫准备一个礼拜的吃喝。夏天还好，冬天家里冷，看到丈夫每天凑合着吃饭，让陈翠萍夹在中间特别难受，感到没照顾好丈夫。

这天夜里11点，刚刚躺下的贺星龙又被一阵急促的电话铃声叫醒："星龙，你快过来看一下，你爷爷喘得难过得很，又气短了。"20多里开外的张立山爷爷由于胸闷气短、呼吸困难，需要贺星龙过去治疗。贺星龙把氧气带上，立马出发。到了张立山家，先让张立山把氧气吸上。测量了体温，不发烧。又给病人吃了一颗利尿的药。吸氧、喂药、输液，就这样，贺星龙守候了3个多小时，看到张立山的病情有所好转，才放心地离开。

现年91岁高龄的张立山老人，早在7年前就被医院下了三次病危通知书。已经把老人拉回村子准备后事的家人，抱着试一试的心态，把贺星龙叫去看看。贺星龙没有放弃，守在老人身旁，随时观察，随时配药治疗，坚守了十几天，硬是把老人从生死边缘拉了回来。如今张立山说话清晰，一点也没有病危的样子。张立山的儿子张骏宝感激地说："贺星龙小伙子随叫随到，全凭他救了，要不早就没命了。"

20多年来，被贺星龙抢救过的人就有20多位，被贺星龙治疗过的病人更是不计其数。对此，乡亲们看在眼里，记在心上。

按理说，一名乡村医生，能够24小时出诊救治病人，已经尽到了自己的职责，但贺星龙在治病之余，还承担起了照顾五保户、困难户的责任。前前后后，他总共照顾过13户五保户。除了免除这些五保户的医药费外，他还在生活上尽量帮助他们，给他们买轮椅，帮他们维修电视。他总共送出去3个轮椅，一个是新的，两个是他从废品回收站买的旧货。

20多年来，贺星龙共出诊近20万人次，免收出诊费累计达35万余元，为五保户患者垫付药费达4万多元，其他赊账、死账5万多元。尤其是没儿没女的乡亲们，贺星龙特别可怜他们，看了病就不问他们收钱了。


✦ 初 心


贺星龙对待乡亲们很大方，对待自己和家人又是怎样的呢？说起来，贺星龙的妻子陈翠萍有着满腹的委屈："孩子小时候吃奶粉，人家的孩子吃的都是五六十、六七十元一包的，我家孩子却只吃豆奶粉，12元钱一包。"诊所进了药就没有买奶粉的钱，买了奶粉就没有进药的钱，这种矛盾是现实存在的。贺星龙每次把进的药带回来了，奶粉有时候就只能买一些特别便宜的。但便宜的奶粉也经常断掉，没有钱买，只能用鸡蛋给孩子补充一点。

当时贺星龙一年也就万把元钱的收入，要养活一家人，还要帮助村里的困难户，生活处处捉襟见肘。为了补贴家用，贺星龙还种着几亩农田，夏天的晚上，他甚至会到黄河边抓蝎子卖钱。有一次过年，孩子想要买个玩具手枪，他就对孩子说："你要那个手枪干啥？"就是不给买。孩子当时挺伤心的，感觉爸爸不和他亲，只对别人家的孩子、老人好。

贺星龙已经好几年没添新衣服了，开摩托车店的同学送他几身工服，他来回倒换着穿。有一年快过年的时候，陈翠萍花了200元钱给他买了件新棉衣，可没想到，他一出门就送给了邻村的五保户冯对生。陈翠萍知道后，委屈地说："我也是省吃俭用，感觉你特别苦，没有一件正儿八经的衣服，才给你买的，你怎么就送人了呢？"贺星龙宽慰妻子说："我这么多年都没买衣服，我感觉我穿上新衣服很不自在，心里很难受。"

和他同时毕业留在城里的同学，有的当上了大医院的主治医生，有的开了诊所，有的成了医药销售经理。有一次同学聚会，大家看到满脸沧桑的贺星龙，都劝他离开农村。同学们都说："星龙，你不能在村里待了，你就不为你家人和孩子考虑一下？你看咱们同学在外边发展得多好，又有车又有房，你看你这几年在村里，啥也没有。"同学们的这些话确实刺激到了贺星龙，他的心里沉甸甸的，有时候一个人睡到半夜就哭了，觉得亏欠这个家。

然而，每当看到乡亲们期盼的眼神，贺星龙马上又跟往常一样满怀热情地投入工作中。他怕不能及时观察老人的身体状况，专门买了40多个摄像头，分别装在卫生所、五保户家以及老人聚集的地方。大多数老人都不会用智能手机，但老人站在摄像头下面，贺星龙就能通过手机和他们视频通话，询问病情，监测身体健康状况。

坚守20余年，行程40多万公里，骑坏7辆摩托车，用烂12个行医包，守护了4300多位乡亲们的身体健康，逆行回乡的"80后"村医贺星龙，用自己的辛劳和汗水谱写出了一曲新时代的美丽乐章。

回顾这20多年的风风雨雨，贺星龙感慨地说："我觉得在哪里当医生并不重要，重要的是哪里最缺医生。哪里缺医生，我就去哪里。我觉得我们这儿真需要医生，有我在这儿，乡亲们看病就不用愁了。我是一个医生，又是一个党员，我要带着这份初心一直走下去。"

贺星龙骑行在乡村的路上

基层夯实

# 乡村新治理

xiangcun
xin
zhili

# 人物档案

姓　　名：张连印

出生年份：1945 年

职　　业：河北省军区原副司令员

工作地点：山西省大同市左云县张家场乡张家场村

荣　　誉：2021 年被授予"时代楷模"荣誉称号，2022 年被授予"中国生态文明奖先进个人"荣誉称号。

"虽然退休了，但是身体还好，就想回到家乡，做一点有意义的事，在有限的时间、有限的范围做一点有限的好事。"

# 一棵树就是一个防风治沙的兵

　　曾经身居军中高位，退休后毅然返回家乡种树。荒山植树造林，困难重重，他19年种下205万株树，让1.8万亩荒山荒坡变绿。这位78岁的老将军在无人处默默耕耘，卸甲不移志，退休不褪色，他要让家乡的大山披上绿装。

## ✦ 巡查林区

　　山西省大同市左云县张家场乡张家场村人工林场。大片绿色林带一望无际，郁郁葱葱。

　　2021年12月，林场的白天平均气温逐渐下降到 - 5℃左右。76岁的张连印老人仍然每天带着儿子张晓斌和林场工人，冒着寒冷，在这片林场里巡查。这天太阳刚升起，他们就又驱车赶到林场。

　　三人各自从车上取下一把铁锹，握在手中。像一位将军向士兵下达作战命令一样，张连印给另外两个人分配今天的任务："今天我们要把这一片林子全部检查一遍，看哪里有火灾的隐患，哪些问题需要注意，全部记到这个小本本上。天冷了地冻了，马上又要下雪了，我们一定要把防护工作搞好。"

　　前几日刚下完一场雪，地面还很湿滑，很多地方还有积雪，但张连印毫不在意。他身穿迷彩服，走在队伍的前面，矍铄的身影在林间小路上麻利地移动。他只关心这片林场的安全。

张家场村林场面积约 1.8 万亩，种植有 205 万株树，都是张连印十几年来亲自带领村民一个坑一棵苗栽种的。

张连印是河北省军区原副司令员，少将军衔，早在 2003 年就已退休，如今已是古稀之年。但是，他放心不下亲手栽下的这片树木，每年进入冬季，不管天气多寒冷，他都坚持亲自上山巡查。在巡查过程中，张连印尤其注意预防火灾。他经常说："到了冬天，森林防火最重要。种树难，成活难，管护树木是一个长期工作，别的事干不了，但护林防火，一刻也不能松懈，所以每天都要安排人员加强巡逻。"

每年冬季是防火重要时期，张连印坚持亲自巡山，查看隐患

### ✦ 被压倒的松树

　　这片山林倾注了张连印的心血，在他心里，这些树就像自己的孩子一样珍贵。尽管今天天气十分寒冷，但他对林区的巡查工作丝毫没有放松。来到一处杂草丛生的地方，张连印对张晓斌和林场工人吩咐道："这些草得清除一下，防止抽烟的人不注意，扔下一根烟头就容易失火。特别是靠路边草高的地方，要把它除开3米。把这3米草除了，就等于打了个隔离带。人们走路或坐拖拉机时，抽完烟，往往就这么扔进草丛里，所以路边要特别注意。"

　　虽然现在人们的防火意识、管护意识越来越强，但张连印时刻提醒自己，也提醒别人，要防止任何个别问题发生，防止任何麻痹大意的事情发生。他经常说："如果有一个人麻痹大意，抽完烟，烟头随意一扔，这可都是茅草，尤其松树的油性大，着了火很难及时发现、及时扑灭，必须提高警惕，一刻也不能松懈。"

　　张连印等人继续往前走，巡查到靠近村庄的一片山林时，他们又发现了一个问题。他们先看到几棵老杨树被砍掉了，只留下残损的树桩，而不远处有一棵松树倒伏在地面上，松树上面明显有被大树挤压的痕迹。张连印推断是当地村民在砍倒杨树的时候，杨树正好砸在这棵松树上，把松树压倒了。

　　三人使劲地推了推松树，但推不动。张晓斌说："不行不行，冻住了，推不动。"张连印叹了口气，心疼地说："明年春天吧，我们把它支起来。当年这树栽得真好，现在都4米多高了。其实人们砍杨树的时候应该注意一下，不要压倒松树。"

至于人们为什么要砍杨树，张连印分析说："那些杨树都是老树。今年冬天煤价比较高，一吨煤卖到了1400多元钱。咱们这里特别冷，有的人家确实买不起煤，只能砍一些老树老枝拿回去生火。好在大家都知道不能砍松树，只砍一些老杨树，等松树长起来后就代替杨树了。没有办法，我们也能理解。"张连印接着说："每当我看到这些树长到几米高的时候，心里就非常高兴。可是栽活一棵树是很难的，半米高种下，还要培土、浇水，必要时还要施加肥料，慢慢培育，直到长到五六米高，还要继续生长，确实很难，也特别有感情。所以每当我看到这些树的时候，我的心情就很舒畅；但如果破坏了，我心里就特别难受。"

### ✦ 脱下军装换农装

张连印于1945年出生在张家场村的一户贫苦人家，从小缺衣少食。4岁时父亲病故，6岁时母亲改嫁，此后他一直跟着爷爷奶奶生活。13岁时奶奶病故，随后爷爷又得重病卧床不起。村里的乡亲们见他可怜，从牙缝里省出粮食悄悄塞到了他家的土屋里。

每当回忆幼时的艰难岁月和乡亲们对自己的无私关爱，张连印心中都有无尽的感慨，充满了对家乡的不舍："我永远不会忘记张家场，也不会忘记家乡父老乡亲对我的支持、帮助和关爱。我从小家境贫寒，是吃百家饭、穿百家衣长大的，所以我退休后一定要回到家乡，报答父老乡亲，回报生我养我的这片黄土地。"

1964年，村里又把当年全村唯一的参军名额留给了张连印，他从此成为一名人民解放军。临走的那天，乡亲们在他胸前佩戴上大红花，让他骑上高头大马，敲锣打鼓地为他送行。到了军营，首长让张连印代表所有的新兵向家乡人民表决心，他就临时编了个快板，其中说道："你们给我戴红花，我把决心来表达，到部队要听党的话，党叫干啥就干啥。"这四句话是他当时的真实想法，他记了一辈子，也做了一辈子。此后近40年间，在部队的淬炼下，张连印从一名普通的战士一步步成长为将军，先后被评为北京军区"学雷锋标兵""全军优秀指挥员"，多次受到解放军总参谋部和河北省军区的表彰。

2003年，张连印从部队退休后，第一时间回到自己日思夜想的家乡张家场村。回顾当时的决定，张连印饱含深情地说："我在部队40年，从士兵到将军，从一个副班长一步步升到排长、营长、团长、师长、副军长、副司令，后来我一直在想：我还能做点什么呢？虽然退休了，但是身体还好，就想回到家乡，做一点有意义的事，在有限的时间、有限的范围内做一点好事。想来想去就是植树造林，绿化荒山荒坡。"

当时的张家场村仍然是个地广人稀的偏远山村。"一年一场风，从春刮到冬""荒山秃岭和尚头，有河四季无水流"是其恶劣自然条件的真实写照。这里是国家京津风沙源的重点治理区域之一，植树种草成活率非常低。

张连印的爱人王秀兰对此有切身的体会。她回忆说："当时风沙大到什么程度？就是出去以后满地都是小旋风，一出门脸上、身上都是沙子、黄土。我们每个人的脸上都掉了一层皮，耳朵也掉了一层皮，都是风吹的，也因为冻，气候寒冷。"

然而，当张连印向家人提出回家乡植树造林的想法后，遭到家人们的一致反对。不过，大家反对回家乡，并不是因为家乡艰苦，而是因为张连印身上的疾病。张晓斌说："当时父亲的静脉曲张很厉害，蚯蚓腿，乒乓球一样的疙瘩有五六个，很严重。我们都很担心，回了老家身上的病怎么治？不过，后来父亲把我母亲的思想工作做通了。我们一看他决心挺大，就同意了。"

王秀兰其实最理解丈夫的想法，所以最终选择和丈夫一起回乡种树。她说："他就是个闲不住的人，休息下来也待不住，这是一个原因。另一个原因主要是他多年来一直在考虑能给家乡做点什么事，他对家乡的感情和一般人不一样。"

## ✦ 困难重重

2003年，打定主意的张连印带着老伴王秀兰回到张家场村，用自己的积蓄和退休金流转荒山荒坡，开辟了义务植树造林的新战场。

一开始，张晓斌觉得父亲只是小打小闹，生活有个寄托，不至于空虚。他想父亲不过是每天没事和母亲扛着铁锹，上山随便栽几棵树，也不会太劳累。不承想，父亲后来越干越大，甚至拿出全部积蓄，一下子就流转了500亩荒山荒坡。从采购树苗到雇乡亲们一起植树，张连印和老伴都亲力亲为，吃尽了苦头。

每一棵树苗都是张连印心里的宝贝，虽然年事已高，但他依然坚持亲手植树

那时候，张晓斌也在部队服役。有一次，张晓斌和妹妹回乡看望父母亲，在路上碰见一群农民刚从山上下来，皮肤又黑又粗糙，衣服沾满了泥土，其中就有张连印和老伴，这群人经过兄妹俩身边时，两人竟然没有认出自己的父母来。这一幕在张晓斌心中留下了

深刻的印象，他说："因为紫外线强，风沙特别大，他们两人满头满脸都是沙子，脸是黑黢黢的，嘴上都起了血疱，完全不是我们平时见到的模样。当时我妹妹忍不住都哭了，我也感到很心疼。"

谁能相信眼前的这个人竟是一位退休的将军！张晓斌看着"面目全非"的父母，心里酸酸的。

20年来，张连印除了按照组织上安排定期回河北省石家庄疗养外，平时基本上就和老伴住在苗木基地的平房里，带领乡亲们植树，守护这片山林。每到冬季，他们都需要自己烧炕取暖。为了打煤球、煤饼，张连印的手经常磨出水疱，手指也冻伤了。说起嘴上的血疱，王秀兰却十分豁达。她后来回忆说："我和老张的嘴唇都起了大血疱，起了一层又一层，嘴都肿得老高。吃饭的时候，嘴也裂开口子，流出了血，血和饭一起就吃到了肚子里。"

环境的恶劣和植树的辛苦，张连印尚且能够咬牙克服，但是，随着苗圃基地的建设，以及植树造林面积的逐步扩大，张连印手头的资金开始捉襟见肘了。有一次准备给农民工发工资时，账面上的钱不够用了。怎么办？情急之下，张连印甚至想到贷款。他对老伴说："不管谁给你干活，你也不能亏了他，人家都是等着花钱的。"

为了维持资金运转，张连印到处筹钱，跟亲戚们借，跟战友们借，身边的人都被借遍了。张晓斌决定伸出援手："我们做子女的也义不容辞，得尽自己的一份孝心。我爸轻易不求人，有困难时从不愿意跟别人张口。这次他真的想干点事儿，真的遇到困难了，所以才求人。"

　　为了帮助父亲渡过难关，张晓斌和两个妹妹合计了一下。大妹妹把新房抵押，贷款20万元给了父亲。张晓斌夫妇的积蓄也就10万元钱，全部拿给了父亲。小妹妹当时有3万元的转业费，还有公公婆婆给的2万元旅游钱，也都拿了出来。

　　为了实现自己植树造林回报家乡的愿望，张连印几乎掏空了全家人的腰包，让家乡3000多亩荒山秃岭披上了绿装。2007年，当张家场村被确定为山西省生态园林示范村时，张连印却做出了一个让大家意想不到的决定："我明确表态，一不要地权，二不要林权，30年以后，这些土地和树木全部无偿地交给集体。"

## ✦ 儿子也回来了

　　左云县的冬季十分寒冷，张连印和老伴平时就在林区的平房里，夏天还好说，一到冬天，吃水取暖都是问题。自来水水管冻住了，吃水只能靠挑，虽然距离不远，但对于已经步入古稀之年的张连印来说还是有些吃力。有一年冬天，张晓斌回来看望父母亲，远远看见父亲挑着一担水颤巍巍地往家里走去。他赶紧上前，接过父亲的扁担，又生气又心疼地说："爸，跟您说多少次了，别自己挑水。多大岁数了，开玩笑呢？"张连印却满不在乎地说："没事，我小时候五六岁就挑水了，手也能提，一手一个桶。"

　　张晓斌原来也在部队工作，已经有28年军龄，其中有8年任正团级职务，连续3年是师职干部的后备人选。但在2014年，张连印被检查出癌症骨转移，又不愿意放弃植树造林，所以张晓斌决定退伍自主择业，回来与父亲一起干。张连印对儿子的这个选择十分高兴，他说："这体现了一个军人的情怀，体现了一个人对家乡的情怀。"

当然，张晓斌在退伍前也犹豫过，他说："让我脱下穿了28年的军装，真不舍得。我也是琢磨了好几天，辗转反侧睡不着觉。但最后我还是决定回来陪着父亲，以免将来给自己留下遗憾。"

看到儿子回来，王秀兰也很高兴。她常对人说："我儿子是他老爸最忠实的粉丝。他从小就看着老爸当兵，喜欢得不得了，自己长大后也当了兵。现在，老爸种树，他又跟着回来种树，帮助他老爸实现愿望。"

张晓斌回家与张连印一起植树造林

### ✦ 防火演练

对于前几天巡查山林时发现的一些问题，张连印一直放心不下。这天一早，他就组织几个工人一起去把林区里的荒草除掉，检修水井电线，消除火灾隐患。

出发前，张连印向工人传达任务："今天咱们去打草，主要是消除火灾隐患。我们南面树林边的野草比较高，这段时间又常刮风，极容易引起火灾。我们今天的任务就是把这片野草打掉，做个隔离带。"工人们换上防火服，扛着汽油割草机，拿着镰刀、铁锹、灭火耙等工具，一行队伍往山上走去。一到草场，张连印等人就投入紧张的劳动中，只见他们左手抓住一把草，右手挥动镰刀割下，一堆一堆地放在空地上。两三个小时之后，树林边缘就出现了一条3米多宽的隔离带。

接下来，张连印又检修了水井电线，吩咐工人把松动的电线加固好，把缠绕在一起的电线分开，避免混线短路。最后，张连印带着工人们一起进行防火演练。他对大家说："我们把草也除干净了，电线线路也检查了，该修的也修了，该整理的整理了。冬季是护林防火的关键时期，严加管理其实就是要管控火灾，不断地发现问题。接下来，我们做一次防火演练。"

随着张连印的一声令下，几名工人便扛起铁锹、灭火耙等工具，飞快地向前奔去。到了假想的着火点，他们奋力地拍打着草丛中燃起的"火苗"……

演练结束，张连印很满意，他对大家说："通过刚才的演练，我看到大家反应比较迅速，动作比较快，大家的体力也可以。森林防火，最好是一发现火源，就扑灭在萌芽状态，越早发现，越早扑灭，防火的效果越好。火一旦着起来，这就难办了，我们这些人就不够用了，需要专业的消防队来处理，就得给有关部门打电话联系。因此，如果能用最少的人，在最短的时间里及早扑灭火苗，效果是最好的。"

张连印经常来到山顶眺望自己种下的树林

## ✦ 信念不灭

从林区回到苗木基地后，正赶上村里的秧歌队在这里排练春节的演出节目。一向爱唱爱跳的张连印换了身衣服，也加入了扭秧歌的队伍里，矍铄的身影在广场上轻盈地扭着秧歌。

排练结束后，张连印热情地招呼乡亲们："咱们唱一首歌吧，唱一段《母亲》。"

"你入学的新书包，有人给你拿，"张连印打着节拍，张晓斌起了个头，和大家一起唱起来，声音越来越高，"你雨中的花折伞，有人给你打……不管你多富有，无论你官多大，到什么时候也不能忘咱的妈……"唱到最后，张连印的眼睛渐渐渗出了晶莹的泪水。他深情地对大家说："不忘家乡，不忘母亲，不忘我们张家场。春节快到了，我过两天就要回石家庄，给大家提前拜个早年，感谢家乡，感谢我们每一位母亲，感谢我们张家场父老乡亲从小到大对我的关心、支持、哺育，我永远不忘张家场……"

回乡植树造林20年，如今的张家场风沙没了，山也绿了，张连印与这里的一山一水一树融为一体，乐在其中，被乡亲们誉为"绿化将军"。2021年10月18日，中共中央宣传部授予张连印"时代楷模"荣誉称号。面对这样的荣誉，张连印谦虚地说："授予我'时代楷模'，并不是万事大吉，这是一个新的起点，是一段新的征程的开始。这个荣誉也是集体的荣誉，我还要和儿子张晓斌，和乡亲们一起继续努力，把这项工作坚持做下去。"

面对未来，张晓斌也表达了决心："老爸既然种下了第一棵树，我们就要种下第二棵、第三棵……直到亿万棵，把种树的事业延续下去，把树木维护好。"

"一棵树就是一个防风治沙的兵，千万棵树就是一道绿色长城、绿色屏障"，卸甲不移志，退休不褪色。张连印坚守着这样的信念，守护着这一片林海，默默地为子孙后代积蓄着一笔巨大的生态财富。

## 人物档案

姓　　名：郭子涵

出生年份：1996 年

职　　业：秦家庄村第一书记

工作地点：山西省晋城市陵川县秦家庄村

荣　　誉：2021 年获得"全国脱贫攻坚先进个人"称号，2021 年获得
　　　　　"中国青年五四奖章"。

"我现在已经从扶贫岗位走上了乡村振兴的岗位，工作
上我一定会像我父亲那样，沿着他的路继续走下去。"

# "花木兰"的扶贫路

一位城市姑娘在大学毕业后，做出了与大多数人截然相反的选择——义无反顾地去往农村扶贫，如今又继续奋斗在乡村振兴的道路上。她继承父亲遗志，是名副其实的当代"花木兰"。

## ✦ 村里新来的女书记

"爸爸，您看到了吗？女儿来到秦家庄村已经一个多月了，这里是女儿接下来要驻守的地方，您不用担心，女儿适应得很好。今天的陵川县下雪了，到处都是雪白的一片，很漂亮。"

这是一封无法寄出的信件，是一位女儿写给早已离开人世的父亲的一封信，写信的女孩名叫郭子涵。25岁的郭子涵，衣着朴素，脸上有着这个年龄女孩少有的成熟与稳重。

一个多月前，郭子涵成为山西省陵川县秦家庄村的第一书记。为了对工作尽快上手，她首先要对村里的具体情况进行摸底。入户走访，成了她上任以来最常做的事情。

这一天，正值隆冬时节，天气格外寒冷，郭子涵挨家挨户地继续走访当地村民，了解他们的基本家庭情况。她热情地和一位村民拉起了家常，聊着家里的用煤情况。

"咱这边的煤，我闻着没有那么大的味儿。"

"都是清洁煤球，这属于政府的一项补贴工程，每年到秋季需要多少煤球报到村委会，然后由政府统一送来。"

"像今年咱们家里除了种玉米，还有没有种其他的？"

"没有了，主要还是在村里的合作社上班。"

当时，很多村民看到这个外表柔弱的女孩，都难以置信这是新来的书记，怀疑这位年轻的第一书记能否带领全村发家致富、乡村振兴，怀疑她是否能担起如此重任，许多村干部也担心这个城里娃吃不了苦。就在郭子涵上任的十几天后，村里接到上级检查的任务，郭子涵带领村干部们整理档案，迎接检查，这让村干部们对她的能力有了改观。一名工作人员说："每年的年终都有脱贫攻坚的年底验收，那几天郭书记都是加班加点，有时候干到凌晨1点多。郭书记对工作很认真，发现资料里有一点小纰漏都要问清楚是怎么回事，有时候问得我都烦了。原先我想着郭书记这么小怎么能干大事，现在我相信了，小人物干得了大事情。"

其实，25岁的郭子涵已经有两年多的驻村经验。大学一毕业，她便来到陵川县台北村担任第一书记。从小在城里长大的郭子涵，正值青春年华，为什么做出了与大多数人截然相反的选择，义无反顾地去往陌生的农村？

## ✦ 突如其来的家庭变故

　　郭子涵大学学的是法学专业，在校期间，她成绩优异，按照父母的期望，她本应该在大学毕业后继续考研深造，等到研究生毕业，进入公检法部门工作。然而就在她准备考研期间，父亲突然离世，这个突如其来的意外，彻底改变了她的人生轨迹。

　　当时一位亲戚找到郭子涵，跟她说她的父亲情况可能不太好，让她赶紧去陵川。得知消息后，郭子涵立刻动身前往陵川，在路上一直祈祷着。在她的想象中，自己见到爸爸之后，会看到爸爸坐在床上，笑着跟她说："哎呀，我没事，是不是吓到你了？"她觉得父亲可能情况是不太好，但哪怕到了医院门口，都不知道会这么严重。

　　郭子涵的父亲郭建平是陵川县台北村的第一书记，从2017年接到任命到2019年，两年的时间里，郭建平殚精竭虑，兢兢业业，将村子里所有人的未来扛于肩上。在那两年的时间里，郭建平用自己的真心收获了村民的信任，提起郭书记，村民们都赞不绝口。

　　"郭书记每天凌晨一两点才睡觉，我在楼下住，他在楼上住。我早晨出门，常常看到他点着灯在工作。去世前一天，他是凌晨4点才睡的，硬是把他累倒了。""一般群众有啥困难，都是找他解决呢，风雨无阻，多会儿找他都立马帮忙解决。"

　　就是这样一位让人敬重的第一书记，却因为过度劳累，倒在了工作岗位上。他的扶贫工作日志，永远定格在了2019年7月末的一天。

郭建平的工作日记

　　父亲并没有留下只言片语，就这样离开了，郭子涵久久不能回过神来。那段时间，她不知道自己每天都在做些什么，也没有任何思考能力。后来，郭子涵常常回想起父亲在世时的场景，觉得他一定放心不下他的工作，替父亲完成他未完成的工作，这样的想法渐渐在郭子涵的心中生了根。

　　经过几天几夜的悲伤之后，郭子涵做出了一个重大决定：放弃考研，去台北村继续父亲未完成的帮扶工作。但这个想法，马上遭到了母亲的强烈反对："那怎么行，你爸爸身体那么好，那么强壮，都累倒在了工作岗位上，你这么小，哪能承受得了那么大的工作强度！"

　　然而，母亲的反对，并没有打消郭子涵去台北村工作的念头，她向上级部门提交了去台北村的申请，表示自己愿意代替父亲去台北村继续他未完成的帮扶工作，没想到，这份申请获得了批准。在父亲过世一个月后，郭子涵踏上了自己的驻村之路。

### ✦ 继承父亲的遗志

郭子涵如今所在的秦家庄村，是陵川县打造的乡村振兴示范村，无论是乡村建设，还是产业规划，都已初具规模。郭子涵来到这里担任第一书记，她的工作重心和工作内容从帮助村民脱贫转变到了乡村振兴上。这对她来说，是一次不小的挑战。

秦家庄村是一个农业村，村里在2020年新建了2800平方米的智能玻璃温室大棚，有机蔬菜、高质量水果、鱼菜共生等项目都被引进到这座智能大棚中。郭子涵特意来到这座温室大棚了解情况。在调研过程中，郭子涵了解到和普通的培育方式不同，这里采用无土栽培，用浸了营养液的海绵包裹住植物的根部，栽到一个个容器中，植物通过营养液吸收养分，茁壮成长。

虽然这座温室大棚是在2020年建成的，但水果和蔬菜种植还处于起步阶段。大棚里的西红柿、草莓刚刚长出小果，还未成熟，要想赶在春节期间销售已经不大可能了。在调研中，郭子涵作为一个年轻人，对大棚内种植的有机水果、蔬菜的销售问题提出了自己的看法："在蔬菜、水果大规模地生产出来后，我们可以利用各种渠道进行网上销售，还可以与村里的文旅康养相结合，搞亲子体验以及采摘园等项目，让游客一来参观学习，二来品尝购买，促进大棚更好地运营。"

郭子涵还在努力适应着自己的新岗位，相比两年前刚刚开始驻村，她已经从容了许多。2019年，郭子涵成为台北村第一书记，这里是她的父亲曾经奋斗过的地方。而第一次来到台北村的情景，也让她始终难以忘怀。

"当时我一下车，就有很多奶奶、阿姨自发地走上前来，紧紧握着我的手。周围还有很多人不停地跟我说，郭书记真是个大好人啊，就是为了我们操劳得太多，走得太早了！他们每个人都是边说眼泪边往下流。"郭子涵回忆道。

村民的真情流露，对于一个年仅23岁、父亲刚刚去世一个月的女孩来说，是温暖的。然而，紧张的工作并没有留给郭子涵太多情感修复的时间。她上任后接到的第一个任务是填写一份详尽的村民信息表格。这样的工作如今看来或许并不复杂，但对于一个初到陌生环境的年轻女孩来说，却并不轻松。郭子涵利用两天的时间挨家挨户走访，熬了几个晚上才把表格填完。

"填完表格后我突然觉得特别累，躺在床上跟我妈说，我好累呀！我妈说，你想想，你爸爸在这两年的时间里，每天都是这么过来的。"想到父亲辛勤工作的身影，郭子涵更加坚定了要沿着父亲的足迹继续走下去。

初来乍到的郭子涵是一张白纸，她不知道扶贫要做些什么，正是通过父亲的这本工作日志，郭子涵了解到他之前的一些工作内容

参观新农业

和工作方式，从而对扶贫有了更深的理解。父亲留下来的扶贫日记，成为郭子涵勉励自己、学习具体工作方法的宝贵财富。

在这本日志中，郭子涵对父亲的扶贫思路也有了大致的了解。日记中写道："2018年4月24日，召开支村两委会议，研究讨论丈河到台南台北段修路过程中涉及占用耕地树木移植等补助事宜。"要致富，先修路，修台北村到观村的路是父亲在世时的计划之一，也是郭子涵进村后着手做的第一件事。郭子涵在入户走访的时候，发现从台北村到观村之间只有一条土路可通行，每天都有很多人在这条路上走，也会有很多车经过，路的旁边就是沟，一点保护措施都没有，一到下雨天，土路就变得泥泞不堪，下雨路滑，村里好多

283

都是老年人，这条路对他们来说很不安全。这样的现状更加坚定了郭子涵修缮这条路的决心。

有了这个想法之后，郭子涵立即和村支两委进行沟通，争取他们的意见。令她没想到的是，村干部们并没有因为她年轻而对她的想法和能力产生怀疑，相反对她的工作给予了大力的支持。在修路的那段时间，郭子涵每天都奔走在工地上，为了增加道路的安全性，她一遍遍和技术人员沟通路线的调整，将弯道大的地方改成直线。如今，郭子涵修的村路和父亲生前修的道路连接在了一起。这条路的修成，也意味着台北村的主干道已经全部实现混凝土铺路。

建立污水处理站，也是父亲郭建平一直想做的事情。郭子涵上任以后，便开始着手落实这个项目。然而，由于台北村是饮用水一级保护区，进行污水处理项目会污染水源，这个项目被有关部门否决了。虽然污水处理站的项目没有得到批准，但郭子涵不甘心就这么放弃，她开始另辟蹊径，解决台北村的污水问题。这种不服输、不达目的不罢休的性格源自父亲从小对她的教育。以前，每当郭子涵觉得不顺心或遇到什么困难的时候，父亲总是以一种乐观的态度鼓励她说："没事儿，这有什么，这都是小事儿。这种方法不行，咱们再通过别的方法努力，总能达到想要的目标的。"

最终，郭子涵想到了一个好办法——将农村的旱厕改造成无害化公厕，污水可以排到无害化公厕，固定时间进行统一抽取，再集中排放到一个地方进行处理。这样一来，既解决了污水的问题，又改变了农村的生活环境，一举两得。

台北村底子薄、基础差，父亲在世时，曾带领村民种植连翘、白皮松，为了扩大台北村的这一产业，郭子涵深入种植户中了解种植、收益情况。在她的推动下，台北村连翘、白皮松种植面积由300亩增加到500多亩。如今，台北村集体收入实现"破零"，达到10多万元，村民年人均收入由不足3000元增长到8000多元。

### ✦ 驻村干部的苦与乐

因为从小受到父亲的教育，郭子涵懂得了坚持和争取；因为在台北村两年的经历，郭子涵获得了付出的喜悦。来到秦家庄村工作后，她发现，这个村目前正在进行产业的多元化发展，除了农业，还想发展旅游和民宿，这本应该是一个很好的产业项目，可由于资金的问题，一度被搁浅，村里的民宿项目目前处于停摆状态。

郭子涵特意和村干部一同到民宿一条街实地察看了民宿修建的情况，她觉得这片地方还有很大的发展空间。父亲的教导牢记于心，她想通过努力，尽快推进这个项目的实施。于是，郭子涵带着写好的乡村振兴示范项目的摸底表，前往陵川县乡村振兴局让上级单位的领导过目，看看这个项目是否可行，如果可行的话就同上级单位争取项目资金，尽快动工。

县乡村振兴局的领导给出的答复是，要争取把民宿一条街打造成一个田园综合体，进行农林文旅康养的融合发展，下一步主要就是落实这个项目，县乡村振兴局一定会积极争取，2022年至少投入

1千万元的建设资金。

郭子涵在村里工作

　　获得了上级单位的肯定和支持，郭子涵很高兴，她想立即和母亲分享自己的喜悦。由于郭子涵的家在晋城市，往返一趟需要3个小时，而村里的冬天没有暖气，考虑到母亲年纪大了，她便在陵川县城为母亲租了一个房子，每到周末她都会回到县里陪伴母亲。而母亲也放弃了自己的生活和爱好，选择陪伴在女儿身边。郭子涵觉得母亲特别伟大，她本来可以过上更加安稳的生活，却跟着自己来到一个贫困村，内心对母亲有着深深的愧疚。为了缓解母亲的寂寞，她养了一只叫可乐的小狗，小家伙的到来，为母女俩带来了很多欢乐。

　　驻村两年多来，郭子涵克服了很多生活上的不便。村里没有自来水，所有的生活用水只能从楼下用桶接上提到楼上；没有厨房，吃住都只能将就。这些细节，对于一个在城市里生活惯了的女孩来说，都是很难适应的。但是因为有了母亲的陪伴和鼓励，郭子涵坚持了下来。

在台北村的两年，郭子涵付出了很多，也收获了很多的感动。虽然不易，但她始终以父亲为榜样，把百姓冷暖记在心上，积极推动完成危房改造、旱厕改造、建蓄水池、煤改电等项目。在她的努力下，台北村的村容村貌发生了巨大变化。凭着对父亲的爱，凭着一股冲劲儿，郭子涵一步步从一个毫无工作经验的女孩，迅速成长为一名让村民称赞的村干部。

"很不错，很上心。""她在这儿待了两年，干得相当不错，为啥说相当不错，小闺女嘛，干工作比较认真，争取资金，让村里发生了翻天覆地的变化。"村民们提起小郭书记，都赞不绝口。

2021年2月，郭子涵被党中央、国务院授予"全国脱贫攻坚先进个人"称号；2021年4月，又被共青团中央、全国青联授予"中国青年五四奖章"。

"我觉得我了解到我父亲想做的一些事情，我都帮他完成了，我想对我父亲说，工作方面请他放心，不管是台北村也好，还是秦家庄村也好，我现在已经从扶贫岗位走上了乡村振兴的岗位，工作上我一定会像他那样，沿着他的路继续走下去。"郭子涵替父亲实现了他未能完成的扶贫梦想，如今，她正带领着村民们一同踏上乡村振兴的新征程，为着自己的梦想继续努力前行。

## 人物档案

扫码观看纪录片

姓　　名：米红旭

出生年份：1986年

职　　业：护林员

工作地点：海南热带雨林国家公园管理局鹦哥岭分局

荣　　誉：2020年获得"全国林业和草原科普讲解大赛二等奖"，并
　　　　　被授予全国"最美科技工作者"荣誉称号。

*"我人生最美好的十年都在鹦哥岭度过，此生无憾。"*

# 记录鹦哥岭的鸟兽故事

从东北到海南，他担负起巡山护林的重任，没承想却困难重重，从未见过的危险无处不在。他带领当地村民从森林的破坏者变成森林的守护者，从狩猎人变成保护动物的土专家，他就是米红旭。

## ✦ 遭遇蚂蟥

海南热带雨林国家公园鹦哥岭自然保护区，北纬 $18°50'$ —$19°12'$，东经 $109°15'$ —$109°50'$。

"我们今天的任务就是进行棱皮树蛙的常规监测，还要记录沿途的一些生物多样性的影像数据。我和惠全主要负责拍照和录像，阿斌，你和永海主要负责测量棱皮树蛙的水质数据。"

米红旭，海南热带雨林国家公园管理局鹦哥岭分局生态保护科负责人。2011年，刚刚大学毕业的他就从黑龙江来到了鹦哥岭。他现在所在科室的主要职责是做保护区的常规科研监测、本底调查以及生态修复。这天一早，他就带领队员上山进行常规监测。

在海南岛的中南部矗立着一座奇峻的山峰——鹦哥岭，这里是海南乃至全世界重要的生物多样性热点地区。鹦哥岭于2004年成立省级自然保护区，2014年升格为国家级自然保护区，2021年10

月统一纳入我国首批国家公园之一的海南热带雨林国家公园管理。鹦哥岭保护区拥有中国连片面积最大的原始热带雨林，区内最低海拔170米，最高海拔1812米。这里雨量充沛，水系庞杂，南渡江和昌化江的主要支流均在此发源。正是这独特的自然条件造就了鹦哥岭丰富的生物多样性。

经过米红旭团队多年的监测和调查，鹦哥岭的物种纪录不断被刷新。积累大量素材后，他开始尝试将自己拍摄的素材做成短视频，希望周边的村民和他们一起保护这片全国最大的热带雨林。

鹦哥岭自然保护区现有400多名护林员，每人负责一个片区。而只有米红旭的脚步遍布保护区的每一个片区，且这些片区都有一个共同的可怕特点。在鹦哥岭的树底下，最多的是落叶，其次就是蚂蟥。在山林间穿行100米左右，就必须找一个空旷的地方清理身

米红旭团队进入鹦哥岭

上的蚂蟥。每到一片空旷地带，米红旭就提醒护林员："赶紧检查，检查完赶紧走。这里的蚂蟥太多了，不能长时间停留。"

回想自己初次见到蚂蟥的情景，米红旭至今仍心有余悸："我在东北长大，从来没见过这个东西，第一次上山就被它给了一个下马威。蚂蟥成了我最不容易克服的心理障碍。"

为了不被蚂蟥叮咬，大家想着各种办法保护自己。其中一个办法是把裤管插进袜子里，不让皮肤裸露，可以阻挡大多数蚂蟥钻进去。但缺点是如果有个别蚂蟥钻进去了，就很难找，蚂蟥会顺着裤管一直往上爬，爬到大腿上、肚子上。此外，还有一个办法是穿上颜色对比明显的鞋或袜子，这样蚂蟥一上来就能清楚地看到，可以随时把蚂蟥抓走。护林员的办法确实能减少被蚂蟥叮咬的次数，但他们首先需要做到的是克服对于软体动物的恐惧感。遇到蚂蟥多的时候，你捡都捡不过来。如果你伸手去捡那只蚂蟥，会有更多的蚂蟥从其他地方爬上来，密密麻麻的，很可怕。

米红旭和护林员们尽管有着十几年甚至几十年和蚂蟥相处的经验，但还是经常被叮咬，对于第一次进入热带雨林，没有任何经验的人们，无疑更是一次巨大的挑战。由于蚂蟥头部的吸盘有麻醉作用，所以人们被它叮咬后往往没有感觉。一旦发现被蚂蟥叮咬，首先要想办法把它取出。一般不要硬拉扯它，可以用浓盐水滴在蚂蟥身上，让它自行脱落。其次，蚂蟥取出后会在身上留下伤口，会流血，这时要用生理盐水或碘伏进行局部涂抹消毒。

在鹦哥岭的大山深处，还有另一种更可怕的蚂蟥，当地人称

"山蚂蟥"，是名副其实的吸血魔鬼。山蚂蟥不是在地上，而是在树叶上生活，身上长着一些像毛毛一样的小凸起。当人们从树下走过时，它感受到了人的体温或气味，就会掉到人的身上。米红旭开玩笑地说："如果说低海拔的蚂蟥攻击人的下三路，那么高海拔的山蚂蟥则是攻击上三路——头、脖子、上身。山蚂蟥更厉害，只要咬你一口，你就感觉特别痛，特别痒。"

不同种类的蚂蟥带给护林员们的不只是伤害，也见证着他们这些年巡山护林的成绩。米红旭深知蚂蟥对于生物多样性的意义："其实蚂蟥也是一个指示物种。它靠吸食哺乳动物的血液来维持生命。一个地方的蚂蟥越多，说明这个地方的兽类尤其是哺乳动物就越丰富。"

鹦哥岭的每一名护林员，每个月有22天都在这样的山林里巡逻。他们依靠最原始的方式，在远离现代文明的热带雨林里，兢兢业业地守护着地球家园的其他成员。

### ✦ 从破坏者到保护者

护林员们平时上山巡护，中午几乎都是依靠干粮充饥。但在每个月的清山行动中，他们便会带着食物到固定的宿营地生火做饭。

鹦哥岭保护区成立之初，要求护林员每个月必须在山上住两次，每次两个晚上。他们将这项工作称为清山行动，这是为了防止周边村民晚上偷偷围猎或砍伐树木。

在清山行动中，第一天往往都在赶路，一早出发，下午到达山里，寻找驻点，搭锅做饭，把大本营建好。第二天再以大本营为核心，在周边开展调查。第三天返回前，他们会把锅碗瓢盆等藏在驻点周围，下次来的时候直接用。一般情况下，护林员的驻点不会变动，因为驻点是经过对比和挑选的，要离水近，方便做饭。此外，在林区点火做饭是非常讲究的，绝不能大意。每次生火都在可控的范围之内，用完火后就用一盆水把火浇灭，直到没有一点火星才能离开。

米红旭团队在鹦哥岭行进

在过去很长一段时间，保护区所面临的最主要的问题还是当地老百姓的不理解和不支持。生活在鹦哥岭周边的农民大部分都沿袭祖辈围猎伐木的生活方式。出生于东北森林地区的米红旭对这种生活方式再熟悉不过了："人们传得最多的几句话就是'放火烧山种稻子，拿起猎枪打猴子，砍下大树换票子'，一直延续着这种靠山吃山、靠水吃水的生活。"即使在保护区成立后，当地人的盗猎现象仍屡禁不止。他们在山上动物经常出没的路上放置捕兽夹，哪里动物多就在哪里放。而护林员的工作就是要保护山上的各种动植物，看到捕兽夹就拆掉，这样就会与当地人产生矛盾。

村里人大多是亲连亲，要改变他们世代相传的生活习惯，阻止他们继续砍伐围猎，有时候会导致严重的冲突，这在当时比上山被蚂蟥叮咬还可怕。村里人既没有抓到动物，捕兽夹也被拆掉了，就会感觉很亏，便会恨护林员，要报复。他们将捕兽夹放在护林员巡视的路线上，当护林员经过的时候，经常会踩到捕兽夹，一踩上脚就受伤了。鹦哥岭保护区包括米红旭在内的很多护林员都被捕兽夹夹伤过。

要解决与当地人的矛盾，还得从源头做起。源头是老百姓不理解保护区对于自己生活的重要性，他们经常反问："保护热带雨林有什么用？"这时候，米红旭和同事们就反复耐心地讲解："热带雨林的重要作用是涵养水源，它会把水固定下来。旱季的时候，它会一点一点地把水释放出来，让你旱季的时候不至于没有水喝。等到雨季水太多的时候，它又像海绵一样，把水吸收储存起来。这就是热带雨林水源涵养的一个重要的生态功能。"

村民的觉悟参差不齐，大部分人都只顾短期利益和眼前的生活。为了尽快改变他们的生活习惯和生计问题，保护区逐步将那些有一技之长的村民充实到护林员队伍里。这些村民原来都是以伐木、打猎为生，富有雨林生活的经验，再经过一些科学培训，就从一个森林的破坏者变成一个有着专业素养的森林保护者了。现在，他们虽然不在山上蹲守围猎了，但是还要坚持每月两次的清山行动，这成了保护区科考活动的重要组成部分。

## ✦ 从痕迹调查到摄像头监测

米红旭和同事们的重要职责是对保护区内的动物活动进行监测，过去主要靠痕迹监测。米红旭介绍说："动物很怕人，它闻到人的气味就转头跑了，人就无法接近观察。所以过去监测动物主要靠痕迹。比如，看到野猪拱过的痕迹，看到一坨水鹿的粪便，就可以证明这个区域内有野猪、水鹿活动过。"

随着科技的发展，调查手段也在改进。现在，米红旭和同事们更多地借助于监控摄像头对动物进行监测，这比依靠痕迹研究更准确，也更直观。这次上山，米红旭就计划在山上放置若干个摄像头。

他们来到一处视野开阔的地方，米红旭问："这里好像就是动物经常路过的地方？""是，这里适合放个摄像头，视野开阔，没什么阻挡。"符永海回答说。符永海是富有经验的当地护林员，他以前在这里打过猎，装过捕兽夹，所以很清楚这一带动物的生活规律。他过去的捕兽经验在这时派上了用场。"那行，就在这里放一台摄像头吧。永海，你拿GPS（全球定位系统）打个点。"米红旭说道。

米红旭计划把鹦哥岭分成若干个公里网格，1平方公里为一个网格。每个网格放一台红外相机，定期换卡、换电池和收集数据。这样，在整个鹦哥岭范围内，不同的海拔，不同的梯度水平，不同的生存环境，南坡、北坡，所有动物尤其是哺乳动物的分布情况就可以一目了然。

每当回顾和同事们合作监测动物的经历时，米红旭就感到由衷欣喜："哪里动物多，我们就把摄像头放到哪里，这样才好记录野生动物的影像。以前人们打猎也是这个道理。所以我们把以前的猎人吸纳进来，让他们成为监测队员，他们就知道哪个地方动物多，这个痕迹是哪一种动物留下的。我们把相机放到那里，拍摄的成功率非常高。"

放置摄像头以来，米红旭团队已经收集到数百种野生动物的珍贵影像，包括海南山鹧鸪、海南灰孔雀雉、鹦哥岭树蛙、海南疣螈、圆鼻巨蜥……

## ✦ 处理动物标本

鹦哥岭的生物多样性在全国首屈一指，经常有专家到这里做科学调查。护林员们成了专家最好的向导，这也给他们提供了一个学习的机会。

说起给专家带路的好处，米红旭滔滔不绝："护林员最初只是给专家带路，负责一些后勤，帮着做做饭、拿一些东西，打打下手，充当向导的角色。但是时间长了，耳濡目染，有的护林员很愿意学习，有不懂的就问专家。一方面通过专家的言传身教，另一方面我们也积极组织一些有针对性的培训。慢慢地，我们把护林员培养成为能够深度参与科研监测的科学工作者，让他们一起来做鹦哥岭的项目，一起参加科研监测活动。"

对于这样的好处，当地护林员符惠全也深有体会："和那些专家学者在一起，参加他们的科考行动，久而久之，我们也慢慢积累了一些野外的科学知识。"对棱皮树蛙展开调查，就是米红旭团队最近接到的一个科考项目，而整个项目的计划和执行都是由符惠全负责的。

经过一天的巡护、调查，此时夜幕已降临，护林员们在山上搭

鹦哥岭的蜻蜓

好帐篷，就地休息，第二天他们还有更多任务要完成。

经过几天的调查，米红旭的团队收获很大。这一天，他们驱车把一些制作好的动物标本送到鹦哥岭动植物博物馆，其中有野猪和赤麂。米红旭和同事们把这些动物标本拿到兽类展厅，要进行相应的处理。

鹦哥岭动植物博物馆展示了大量的能体现海南热带雨林生物多样性的动植物标本，包括赤麂、穿山甲、海南山鹧鸪、海南孔雀雉、豹猫等珍贵动物，以及海南油杉、粗榧、坡垒、鹦哥岭飞瀑草、道银川藻等植物，其中很多物种代表了米红旭团队多年来的工作成果。

米红旭小心翼翼地把一头赤麂标本放在展台上，轻轻地用小刷子拭去标本毛发上的尘土和霉变。维护博物馆里的鸟类、兽类标本，也是米红旭团队日常工作的一部分。海南的空气湿度很大，即使空调、抽湿机24小时开着，这些动物标本仍然很容易滋生霉菌。

米红旭清理动物标本上的尘土和霉菌

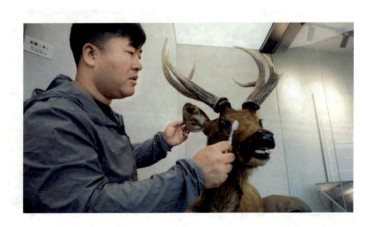

米红旭和队员们需要定期来博物馆检查标本的状况，看它们是否发霉，并及时处理。"如果不及时处理霉菌，动物标本上的毛发就会脱落。"米红旭说。

## ◆ 出版科普图书

动物科考摄影和一般的动物艺术摄影不同，它需要科学、真实、客观、细致地记录动物的生活规律，记录动物生活史的各个阶段，为科学研究提供资料。护林员每次拍照回来，米红旭都要收集在一起展示，和大家一同品评鉴赏。

为了向公众传播鹦哥岭巨大的科学价值，鹦哥岭自然保护区主编出版了《海南鹦哥岭蝴蝶图鉴》《海南鹦哥岭鸟类图鉴》《海南鹦哥岭两栖及爬行动物图鉴》《海南鹦哥岭淡水鱼类图鉴》《海南鹦哥岭大型真菌图鉴》等系列科普图书，涵盖了鹦哥岭的代表性物种，尤其是一些珍稀濒危动植物。这些书中的绝大多数图片都是鹦哥岭的护林员们长期在野外拍摄的。米红旭高兴地说："护林员不但拍出了精美的照片，而且现在也和我们一起成了这些书的主编。"

米红旭团队还将继续编辑出版科普图书。而在未来的书中，米红旭又冒出一个新想法："可以在图片上生成一个二维码，读者通过手机扫一扫二维码，就能看到一个动态画面，比如看到蜻蜓是怎样产卵的、蜻蜓点水是怎么点的，这就很直观，也很形象。"

　　"我人生最美好的十年都在鹦哥岭度过，此生无憾。"这是米红旭经常对人们说的一句话。在米红旭的带领下，鹦哥岭的护林员们深入辖区的每一个角落，取得了丰硕的科研成果。随着时间的推进，随着调查的深入，越来越多的护林员加入进来，鹦哥岭生物种群的数据不断被刷新，原来罕见的物种又重新回到了人们的视野中。4300多种动植物在这里繁衍生息，丰富的植物群落与森林中的动物、真菌形成复杂紧密的生态系统，对周边地区提供多种重要的生态功能，也让人们真正享受到了生态环境变好带来的民生福祉。

## 人物档案

姓　　名：潘柱升

出生年份：1962 年

职　　业：紫南村党委书记、村委会主任

工作地点：广东省佛山市禅城区南庄镇紫南村

荣　　誉：先后获得"广东好人""十大杰出转业军人"等荣誉称号。
2016 年 7 月被中组部授予"全国优秀共产党员"荣誉称号。
2019 年 7 月被表彰为"全国模范退役军人"。

"有人在就有阵地在，我要与阵地共存亡。只要我在这里，就要把这件事一直干完，干好再收兵，没有半途而废的事情。"

# 把"落后村"打造为"旅游示范村"

他曾是成功的企业家，却放弃蒸蒸日上的生意，回到家乡，做起了村官。面对种种质疑和困难，他力挽狂澜，将一个上访村、落后村改造成全国闻名的示范村、明星村。

## ✦ 紫南村的党支部书记

在一片施工工地上，轰隆隆的满是建筑机器的轰鸣声，但沉心静听，却也能听到一片叽叽喳喳的鸟鸣声。建筑工人们在自己的工作岗位上有条不紊地忙碌着。在一条规划出的小路上，用白石灰线画出了柏油路面的大致范围，石灰线外面是两排平行新栽的五六年树龄的树苗，它们在这片土地上努力地汲取着养分，开枝散叶。

小路的尽头规划出一片音乐喷泉，在小路和喷泉的交界处，站着四个带着安全头盔的人。一位年纪稍长，身着蓝色西服上衣，正在对其他三人讲着什么；一位衣着干练的女士，胸前挂着工牌，手上拿着笔记本迅速地记录着；一位穿着西装外套的男子面向年长者，正目细听，不时点着头，应该是这个项目的负责人；还有一位站在三人侧面，看样子应该是施工队的队长。

"我们花了那么多精力，那么多钱，就一定要做出个精品。在我们前面就是一座音乐喷泉，这条路要和喷泉协调统一，相互呼应。游客来这里是来享受的，要让他们感觉到心情舒畅，从一进门，心情就是舒畅的，环境造就心情，环境影响心情，是不是?"

正在为道路建设出谋划策的人叫潘柱升，是广东省佛山市禅城区紫南村党支部书记。已经60岁的他，在这里一干就是15年。

## ✦ 由贫到富

紫南村是珠三角经济发达地区的一座城郊村，曾先后荣获"中国十佳小康村""全国文明村镇""中国最美乡村""广东省十大美丽乡村""中国全面小康乡村振兴十大示范村"等荣誉称号。如今走进紫南村，就像走进设施完备的城市社区，处处整洁，处处美景，生活在紫南就像生活在一座城市大花园。但15年前的紫南村却是一个污水横流、经济垫底、管理混乱的落后村。据村民反映，当时的紫南村是出了名的脏乱差，养猪场就建在宅基地旁边，猪舍鸡窝到处都是，村民生活条件极差。除此之外，紫南村还是当地出了名的上访村，从2004年到2007年，50人以上到市级以上去上访的就有16次。

为了破解紫南村的发展困局，时任南庄镇委的领导"三顾贵阳"，邀请在外经商的潘柱升回村。1983年，潘柱升从部队退役后，被安排在一家国营企业当推销员。1988年他辞去国企工作，下海经

商。经过多年艰苦打拼，潘柱升在贵阳、六盘水创办了两个大型家
居装饰博览城，以及一个大型农产品批发交易市场。南庄镇委领导
找到他时，他的企业正办得风生水起、前景很好。

此时的潘柱升，面临着两难选择。一边是人心涣散的烂摊子，
一边是红红火火的生意；一边是生他养他的家乡，一边是难舍难弃
的创业团队。经过一番思想斗争后，潘柱升最终决定，不做企业
家，回乡做村官。但是刚一回村，他就面临着种种质疑。村民们都
疑惑一个生意人为什么要回来做一名村官？村里会不会又多了一个
不好的村官？

为了打消村民们的质疑，潘柱升开始了走访、调研工作。田间
地头、农户院落、施工现场，潘柱升几乎跑遍了紫南村的每一个角
落，走访了辖区里所有的企业。

在走访调查的过程中，一些村民会讲他的风凉话，据潘柱升回
忆当时他的心里很不好受，但是还要放下委屈和这些人交朋友，原
因无他，只有和这些人成了朋友，他们才能同你讲真话、讲实话。

潘柱升把走村串户听来的、看到的、想到的全部记下来，这些
东西他整整写了几大本。

为了消除村民对他的质疑和不信任，潘柱升还在党员大会和村
民大会上，向村民做出了"四不承诺"——不租村里一寸土地、不
在村里办一个企业、不拿村里一分钱工资、不安置一个亲戚在村委
会上班。

做农村基层工作，凝聚人心，化解矛盾，必须加强村"两委"

与村民的沟通。2008年5月，潘柱升创办了佛山市第一份村级报纸
《紫南之窗》。在潘柱升看来，只有信息公开透明，才能获取村民的
信任与支持。在紫南村报上，村里的工作计划、村建村务、人员的
劳动报酬、资金使用等都能刊登。

"就是我们紫南报的第一期，是2008年5月9日的，就是这张
报纸了。"潘柱升拿着一份《紫南之窗》介绍着，架在鼻梁上的一
副老花镜挡不住他对这份报纸满眼的喜爱与自豪。说罢他又指着报
纸上的内容说道："这是紫南报的第一个新闻，在第一版，就是我
们村顺利完成了第四届村民委员会选举工作。新一届的成员平均年
龄41.3岁，这个新闻把当选的村小组长、两委会干部都告诉了我
们的村民。"

看着当年的报纸，潘柱升回忆起当年工作中存在的问题和方

潘柱升看《紫南之窗》

法，感慨万千："一没队伍、二没资金、三没有效的沟通平台，真的是很难。紫南能走到今天，是很不容易的一件事。"

如今，紫南村的宣传舆论阵地更加多样化、专业化，不仅有紫南报，还有村务"一门通""仁善紫南"公众号等。现在获取信息的手段多样、发达，但潘柱升依旧坚持着每周看紫南报的习惯。

通过种种沟通，潘柱升终于获取了村民的支持。但他心里清楚，只有抓紧发展村里的集体经济，村民的心气才能真正顺畅起来。

以前的紫南村，产业布局落后，为此，潘柱升关停了25家污染大、效益低的落后企业，以佛山的陶瓷产业为依托，致力打造陶瓷市场，吸引高新技术企业入驻。

据潘柱升回忆，对紫南的产业进行规划的时候，遇到了不小的阻力。涉及之前已经租用了紫南土地的企业家，采取调整、提升、整合等方法解决问题。遇到做不通工作的，也只能通过法律诉讼的手段来解决。当时，有人到村委会发难，指着潘柱升骂的、恐吓的都有。

经过近10年的精耕细作，紫南村的物流基地、佛山市国际陶瓷卫浴城已经成为华南地区知名的专业市场。目前，紫南村已经吸引了61家企业入驻，3家上市企业。村集体收入从2007年的930万元上升到2021年的1.2亿元，12年涨了13倍。以前因为村庄落后，迁出去的村民，又陆续迁了回来。

据紫南村村民反映，10多年来，紫南村改变了很多，各方面发展都很好，村民们安居乐业、生活稳定，都对潘书记很有信心。

### ✦ 持续发展

近几年来，紫南村的经济增长已显疲态，集体收入连续三年在1.2亿元左右徘徊，单一依靠出租土地和物业已经难以为继。以后的紫南村该如何发展呢？潘柱升又在思索着，为紫南村规划着未来。

这里马上就要修建一条新的道路，开工前，潘柱升要实地再看一次，以确认规划线路没有问题。

只见潘柱升还是穿着他那套蓝色西服，手里拿着施工规划图，对照着施工现场仔细查看，身旁站着的是紫南村下属自然村沙边村的项目负责人陈照，两人不时交流着什么。

"我讲个实际，你要我做主意的话，我就用里面的路接这条路，但对于你们说的，我都没意见。"潘柱升说道。

"没意见我们就行动了，我们一起想了几天都是这么想的。"陈照回应道。

潘柱升接着说："行了，最重要的是沙边村的村民喜欢。我没有意见。"

看来潘柱升虽然有一些自己的想法，也基本认可沙边村的道路规划方案，但是道路对面，河边的菜地却让他发现了一些端倪。于是潘柱升马上和陈照反映这河边的自留地太乱了，一些水泥和石头砌的设施不整洁，必须尽快清理掉。如果一定要砌，可以限定高度，用砖砌整齐。

为什么潘柱升对这里如此在意？原来，紫南村正在申报国家4A级景区，所有的基础设施建设都必须达到4A级景区的标准要求。发展文旅产业，把紫南村打造成"村庄上的4A"景区，是潘柱升为紫南村规划的未来发展蓝图。然而，这一规划在最开始提出时，曾遭到多方面的质疑。

有不少村民担心，搞旅游业的投入很高，紫南村一无名山大川，二无文物古迹，既无大自然的馈赠、更无老祖宗的遗产，投入大量的人力、物力、财力在一个普通的岭南水乡发展旅游业，会不会成为一个失败的人造景点？

潘柱升虽然退伍转业近40年，但是在困难时刻，军人的那种坚韧特性便展示了出来。潘柱升有一种类似电影《英雄儿女》中主人公王成的顽强精神——有人在就有阵地在，誓与阵地共存亡。他要做的事，就会一直把它干完、干好才收兵。他曾说，在他这里，没有半途而废的事情。

为了成功打造村庄上的4A景区，潘柱升到处奔波。2022年的下半年，是4A级景区审核评判的时间，紫南村各方面的建设都要赶在这个时间之前完成，比如村里重点打造的音乐喷泉项目能否准时完工。于是，潘柱升不停地在各个项目之间奔走，重点盯音乐喷泉项目。小到设备房窗口的开口位置，大到工程的最后完工时间，

召开村民座谈会

都是潘柱升关注的重点。他经常给施工方说的一句话是"宁让汗水浮起船，不让工期拖一天"，足见他对工程按期完工的重视。

除了监督在建的工程外，潘柱升还需要引进一些新的文旅产业，这样既能升级紫南村的产业布局，提高有限的剩余土地利用率，又可以为4A级景区的申报加分。

潘柱升指着村口牌坊左边的空地说道："我们在这里引进了一家现代化室内养鱼企业，这个是很新鲜的。这里除了养鱼赚钱以外，我们还要把它做成工业观光、旅游观光项目，把其中一条生产线开放，让小孩进去玩，在这里去捞鱼，那么养鱼赚钱，游客进去参观，又有旅游收入。"

工厂化养殖鳜鱼，是潘柱升打算引进的新产业。它绿色环保，养鱼的同时也能旅游观光，非常符合紫南村文旅产业发展的需求。不过要想获得投资方的肯定，潘柱升还要为这一项目选择一块合适的土地。紫南村虽然有14个自然村，但是大部分土地租给企业，可利用的土地资源十分有限，每一块土地的使用，潘柱升都会非常慎重。

在潘柱升看来，施工建设是很简单的，几天就可以把它做完，难点在于如何在同样的价格下，让这个工程具有艺术性，让别人来紫南看过后，会发出紫南做什么东西都精雕细琢的感慨。

投资方来到紫南村考察项目用地情况时，潘柱升也早已为鳜鱼养殖选好了绝佳的地段。这片活水养殖水域连通着紫南村的景观湿地，湿地上有游船、有瓜果长廊，游客可以在两片水域的交界处上岸游玩，为养殖场引来客流量，从而带动养殖场水产品的销售。

通过对紫南村多方面的考察，投资方最终认可鳜鱼养殖项目落地紫南村的方案，同意投资。

正是这样对每个文旅产业的精细谋划，经过三年多的改造升级，紫南村的文旅产业发展迅速，其中最令潘柱升满意的便是"紫南船说"旅游项目。游客们坐着游船，沿着15公里的水道，就能遍览紫南村风貌。

潘柱升坐在游船上，内心感慨万千，他说："'紫南船说'是1月1日试运行的，当天上午10点钟，我就来坐了一趟。我坐在船上，浮想联翩，我想的是什么？就是这条水道，在10年前还是一条臭水沟。现在不仅把它的水搞清了，而且把两岸的整个环境都做好了。这条水道不止服务于村民，还成为一个网红打卡点，一个观光旅游区。所以看到今天的这条水道，我自己都很兴奋。"

曾经的臭水沟，如今成为紫南村最亮眼的风景。长达1000米的陶瓷岩板壁画长廊，处在紫南河堤栈道亲水平台之上，是"紫南船说"水上游的必经路线。

在经过壁画长廊时，潘柱升上岸来到壁画旁抚摸着壁画说道："这个壁画的成本也不算高，1700多块钱一平方米，我们整个投入了300多万元。这个是功在当代、利在千秋的工程。这个陶瓷岩板很坚固，整不烂的。我常跟老百姓说，今天做文化，明天变文物，

紫南村新貌

这个以后就是文物。"

2022年1月1日，紫南村赋文化广场热闹非凡，这里正在举行紫南村一年一度的徒步比赛，共有上千人参加。漫步于紫南下辖各自然村，人们可以一边徒步锻炼身体，一边观看、感受紫南村的变化及新貌。

村村有公园，处处有美景，祠堂书院古香古色，河涌绕村，鱼跃水漾，充满诗情画意，每一处都惹得徒步参与者驻足观看。而打造这一切的，正是潘柱升。每一处风景，每一个建筑，都饱含他的心血。

现在，紫南村的村民对潘柱升很尊敬，不管多大年纪的人见到他都会喊一声"升哥"。听到村民们这么喊他，潘柱升发自内心地有种很幸福的感觉，他说："当年从企业回到紫南村委会，是我一生当中做出的最正确的选择。虽然在不同的平台，但是一样能实现人生的精彩！"

## 人物档案

姓　　名：王然玄

出生年份：1990年

职　　业：攀枝花乡党委副书记、乡长

工作地点：云南省红河哈尼族彝族自治州元阳县攀枝花乡

荣　　誉：2021年被党中央、国务院授予"全国脱贫攻坚先进个人"
荣誉称号，被共青团、农业农村部授予"全国乡村振兴青
年先锋"荣誉称号，2022年被授予"争做新时代向上向善
好青年"荣誉称号。

*"我希望通过我们的努力，乘着乡村振兴的浪潮，把世界文化遗产红河哈尼梯田以更好的风貌和状态展现到世人眼前，成为当地群众的一个增收致富点。"*

# 让绿水青山变成金山银山

他是村民眼中的"旅游村长",破天荒把旅游带来的真金白银放在村民们的面前;他是儿子眼中的陌生爸爸,为了大家,却不经意间牺牲了小家。守住乡愁,奔向小康,一个"90后"彝族小伙,何以能从"旅游村长"到乡长,让绿水青山变成金山银山?

## ✦ 突击检查

王然玄,云南省红河哈尼族彝族自治州元阳县攀枝花乡乡长兼乡党委副书记,是一名"90后"的乡镇干部。当你初次见到他的时候,一定会觉得这个人哪里像"90后"?一定是"70后"。确实,王然玄虽然只有30多岁,但看上去却像50多岁,身材五大三粗,皮肤黝黑粗糙。不过,王然玄自己却一点儿也不觉得丢人,他经常自嘲地说:"作为男孩子,没必要搞得细皮嫩肉。我们的日常工作主要就是和基层老百姓打交道,皮肤黑一点,正是我们的本色。"

这天一早,王然玄和攀枝花乡硐浦村委会第一书记白雁约好,要去他们村下辖的普朵上寨村查看施工情况。到达施工现场,王然玄看到工人们正在砌砖墙,墙中间留着空隙,便问白雁:"他们这是要栽什么东西?"

"栽花。"白雁说。

王然玄轻轻碰了碰用水泥垒砌的砖头，稍微一掰就掉下来了，他生气地对白雁说："他们在搞什么？水泥没抹够，砌得也不平，这质量肯定有问题。"

普朵上寨村隶属攀枝花乡硐浦行政村，是个自然村。2014年，国家把普朵上寨村列为元阳县哈尼梯田核心区传统村落改造村寨之一。眼下，工程接近尾声，临近验收。王然玄十分看重这个改造工程，希望能通过改造，打造一个新的民族风情旅游景点。

作为攀枝花乡的乡长，王然玄已在基层摸爬滚打了8年。由于经常下来走访，他对管辖内的几个村寨都非常熟悉，哪怕不起眼的地方出现问题，都逃不过他的眼睛。

走了一圈，王然玄回到施工现场，施工方负责人已在那里等候着。

"你们打算在墙的空隙间种什么？"王然玄问。

"种菜，也可以种花。"负责人答道。

"但你们砌的砖很不工整，而且砖头手一掰就掉下来了，这样的质量不行。我看见砖头中间的水泥都是空着的，水泥没抹够，是偷工减料吧？你要重新砌砖。"王然玄严厉地批评道："另外，下面公厕旁边有几棵竹子开始发黄了，如果死掉了，就重栽。在验收之前，你们要检查一下，要保证成活率。"

一番叮嘱后，王然玄又马不停蹄地奔向下一个村寨，他每天都在这样的忙碌中度过。

## ✦ "阿者科计划"

王然玄2013年从盐城师范学院毕业后就一直在元阳县沙拉托乡基层工作，2017年任共青团元阳县委副书记，2018年6月被县委组织部选派到阿者科村担任驻村干部。

阿者科村是一个古老的哈尼族村寨，虽然拥有独特的自然风光，但村民老龄化、村寨空心化问题严重，全村在外务工人员约占劳动力总数的一半。该村属于高海拔地区，水稻都是一季稻，收益并不是很高，每家年收入也就是3000元到4000元。当时，全村64户479人中，有建档立卡贫困户26户124人，是一个贫困较严重的边远民族村寨。

王然玄为"阿者科计划"开村民动员会

不过，阿者科村素有"云上梯田人家"之誉，是哈尼梯田遗产区5个申遗重点村落之一。上有森林，下有梯田，水沟穿村而过，以其独有的资源优势，完整的哈尼族人文风光，每年吸引2万余游客入村游览。中山大学旅游学院保继刚教授给予阿者科以高度评价，称它为"富饶的贫困村"，认为它所拥有的梯田景观和传统民居景观都是世界级的文化遗产。

然而，王然玄发现，阿者科村民参与遗产区旅游发展的观念陈旧，旅游接待散漫无序，手捧金饭碗却还在讨饭吃。尤其是大量游客的涌入给村民们带来了一些不好的影响，比如垃圾大幅增加，而村里没有处理能力。此外，由于没有统一管理，阿者科村民也参与不到旅游开发中，因而并不能从旅游中获益。

如何让旅游开发、遗产保护与脱贫攻坚三个目标有效结合，成为摆在王然玄和村两委干部眼前亟待解决的问题。王然玄决定邀请中山大学旅游学院的保继刚教授团队为红河哈尼梯田做一个系统的旅游开发战略方案。保继刚团队此时正在红河州参加扶贫工作，双方的想法不谋而合。很快，保继刚带领团队专门针对阿者科村开发了一种全新的旅游模式，制定了一个通过发展乡村旅游来带动群众脱贫致富的"阿者科计划"。"阿者科计划"的核心诉求是让森林、水系、梯田、村落等生态环境的原真性、完整性和可持续性得到有力保障，同时也能有效维系传统习俗和生活生产方式的基因传承。

王然玄是在2018年6月进驻阿者科村的，7月就正式启动了

"阿者科计划"。9月，王然玄组织全体村民成立了元阳县陌上乡村旅游开发有限责任公司，同时还与中山大学合作，共同制定了一套全新的乡村旅游发展分红方案，让全村村民共同参与、共同经营，按照"四三二一"分配结构执行，即由于哈尼族蘑菇房是阿者科的核心景观，因此继续保留原有蘑菇房，而不拆除另建的村民可以得到40%的分红；继续耕种自家梯田，没有把梯田撂荒的村民，可以获得30%的分红；实际居住在阿者科，长期在自家房屋里生产生活、保持屋内干燥的村民获得20%的分红；户籍保留在阿者科而人不在这里居住的可获得10%的分红。

王然玄鼓励村民们继续把户籍保留在村里，逢年过节都能够回到村子里面，继续参与村里的大小事务。他希望村子能够留住人，不要变成一个空心村。

## ✦ 第一次分红

作为"阿者科计划"的主要执行者之一，王然玄开始了长达3年的驻村工作与生活。然而，初来乍到的王然玄并不能被村民们认可。王然玄后来回忆说："我刚来的时候，村民们看到我，都不跟我说话。我跟他们说什么，他们也不理我，感觉他们的态度很冷漠。"

无奈之下，王然玄只能厚着脸皮一点点地和村民接触。村民们但凡有什么活动，王然玄都会跑去参加，凡遇上人都跟对方打招呼，打一次招呼不理，就打两次，再不理就打三次……村民们下地劳作，王然玄也跟着下地，看他们干什么，自己也跟着干。渐渐地，王然玄和村民们越来越熟悉了，村民们也开始接纳他，愿意跟他聊一些想法。

阿者科村民的分红大会

　　但大多数村民对"阿者科计划"仍然有抵触情绪。王然玄分析个中原因，认为"阿者科计划"的核心部分就是发展旅游，而老百姓根本不知道什么是旅游，该怎么参与到计划中，也不知道该怎么从中获益。尤其是让大家都当公司的股东，万一公司赔了怎么办？老百姓担心最后的结局是非但没分到钱，还要倒赔不少钱。此外，村民们宁愿到外地打工，也不愿意到村里的公司上班。一是因为在外地打工挣钱多，二是他们担心本村的公司干不下去。总之，一开始村民们对这个计划十分抗拒。

在第一次村民大会上，不管王然玄怎么动员，村民们都无动于衷。之后的几天，王然玄挨家挨户地去做工作，好说歹说，总算有几个村民同意参加了。但大多数村民仍然抱有一种怀疑、观望的态度，他们对王然玄说："你们要干就干，我们不阻拦你，但我们也不参与。"

转折出现在此后不久公司对股东实施的第一次分红大会上，这瞬间在村里炸开了锅。

旅游公司于2019年2月开始运营，到3月就进行了第一次分红，一个月的时间就分红1600元钱。然而，就算明说要给大家分红发钱，人们也是将信将疑。第一次分红的时候，村广播一直在喊："分钱了，分钱了，请大家都到小广场来。"可大家觉得，天上掉馅饼的事情哪能轮到自己头上？很多人都不愿意出家门。

不得已，王然玄又是挨家挨户敲门，把村民们都叫出来，集中到村广场，对大家说："念到名字的上来领钱。"被念到名字的村民上了台，王然玄亲手把红包递给他们，他们当下把红包打开，抽出百元大钞当着大伙的面数了数，正是1600元。当真金白银放在村民们手上的时候，他们看看钱，又看看王然玄，一下子就愣住了。有的村民还从来没有一次性拿到过1600元这么多的现金。

第一次分红，把村民们开发乡村旅游的热情点燃了，他们纷纷把家里的房屋和梯田入股公司。他们开始相信，王然玄这个年轻的驻村干部真的可以让自己的"钱袋子"鼓起来。而周围村落的村民也投来羡慕的眼光，常常对他们说："哇，真幸运，你们的村子有了分红。以后要是旅游发展上去，你们还能赚更多的钱。"

从那时起，村民参与"阿者科计划"的态度有了根本性改变。

回顾阿者科在开发旅游前后的变化，王然玄颇有感触地说："在没有发展旅游之前，游客一到村口，就有小孩子追在屁股后面伸手喊：'给我1元钱，给我1元钱。'对于游客来说，1元钱并不算什么，可是旅游体验感就会很差，哪怕这里风景再美。而在发展旅游之后，村口依然会有孩子们在玩，游客过来后，他们会热情地跟游客打招呼、给游客带路。甚至有游客说给他们点儿零花钱，他们都说：'大人交代了，不能拿钱。'非常可爱的孩子们。现在，一些年轻人也回到了村里，给村子增添了活力。"

在全体村民的努力下，阿者科村乡村旅游于2019年2月开始运营，仅1年时间，村集体收入就达到72万元。截至2020年1月，阿者科村户均分红达5440元，26户建档立卡户全部脱贫。

这样的变化给村民们的生活带来了什么样的影响？村民们最有发言权。

"之前我和老公都出去打工。自从开发旅游项目以后，我们都来这里上班，一方面可以照顾老人、小孩，另一方面可以分到钱，生活方面也改善了。"一个村民说。

"现在我一下班就能回到家，我觉得比以前踏实多了。"另一个村民说。

村民们都心怀感激地说："有家的地方有工作，有工作的地方有家，我们再也用不着东奔西跑到处打零工了。"

王然玄给阿者科村民分红

阿者科村是目前元阳县保存最完好的哈尼族建筑群。为了解决保护与发展的问题，王然玄根据"阿者科计划"中提出的管护方案，按照修旧如旧，新建入旧的原则，对全村61栋蘑菇房进行集中修缮，实现挂牌管理。同时，王然玄马不停蹄地邀请专家为村民进行乡村旅游有关培训，自购设备为阿者科村拍摄了第一部宣传片，复建了水碾房、织布机等传统生产工具与设施。他还邀请知名旅行社到阿者科村考察，与7家旅行社签订了合作协议。

通过相应的利益机制，王然玄和旅游公司为不同的旅行社设计了多种旅游产品，有的还能带着游客下河捉鱼摸虾，上山挖野菜。这些本来就是哈尼人的平常生活，现在可以让游客参与体验，渐渐地，旅行社和游客的积极性都提高了。

阿者科 3 年计划实验的成功，引发了社会极大关注，阿者科也成了脱贫的典型、乡村振兴的模板。阿者科村先后获得教育部直属高校精准扶贫十大典型项目、农业农村部"2019年中国美丽休闲乡村"、中国少数民族特色村寨等殊荣，王然玄先后被评为"红河州扶贫好村官""全国脱贫攻坚先进个人"。

## ✦ 和母亲的赌气

随着 3 年驻村工作的结束，2021 年 1 月，王然玄告别了旅游火爆的阿者科村，调到邻近的元阳县攀枝花乡工作。他盘算着怎么在同样是遍布哈尼梯田的攀枝花乡再燃起乡村旅游的一把火。

攀枝花乡位于元阳县南部，全乡辖 6 个村委会，32 个村民小组。当地居民均为哈尼族、彝族，特色的民族风情和浓郁民族文化，让攀枝花乡成为欣赏和了解哈尼梯田文化的核心地带。

但攀枝花乡是个小乡镇，对王然玄来说，他需要去重新找角度，去发掘它的一些新的亮点，然后把这些亮点再做大。到底能不能成功？初来乍到的王然玄其实还是感到有点惶恐。

说起王然玄的经历，也有一些不为人知的事情。当你见到这个工作认真且一脸严肃的"90后"乡长，你不会想到，他在 8 年前即将走出大学校园时，其实跟大多数年轻人一样，也渴望到外面的世界看一看，闯一闯。他当时签了一家上海的证券公司，各方面待遇都还不错。不知是上天的眷顾还是对他的考验，王然玄原本可以顺利地留在上海，拿着丰厚的薪资，然而，跟家人的一次赌气改变了他的人生轨迹。

当时，在工作的选择上王然玄和母亲产生了很大分歧。母亲认为上海太远了，希望他回来考公务员。可王然玄却坚决地说："我不考。"两人因此闹了很长一段时间别扭，谁也说服不了谁。最后母亲用激将法说："你就是考不上，你就是不敢考。"王然玄被一激之下说："我有什么不敢考的？"于是立马报了家乡的公务员考试。结果，他竟然以总分第一名的成绩，被录用到元阳县沙拉托乡党政综合办公室岗位。

从繁华的大城市来到偏僻的小山村，王然玄一时之间非常矛盾，心里感到莫大的落差。他拿着那份签约5年的公务员录用合同，有点气恼地对母亲说："妈，这就是我的'卖身契'。"

刚开始工作时，王然玄感到这种生活一眼看不到头，心里并不是很开心。不过，虽然很苦恼，但天生乐观的他很快便接受了现实。尤其参与到脱贫攻坚工作后，王然玄觉得找到了自己未来的人生定位。他后来回忆说："通过工作，我改变了很多贫困户的生活，觉得还是很有意义的。每当我路过贫困户，以前还是土基房，现在都盖上了砖房，日子越来越好了，便油然而生一种自豪感。他们也会亲热地跟我打招呼，我感到一种满满的成就感。"

## ✦ 飞向世界的彝绣

彝族传统刺绣有着悠久的历史，彝族妇女们口手相教、世代相传，将彝族刺绣传承至今。身为彝族人的王然玄，他希望通过自己的努力，让中华民族的优秀传统文化得以更好地保留与传承，同时还能带动当地经济产业的发展。

2022年的一天早上，王然玄接到客户通知，有一批彝绣订单需要提前交货，于是第一时间就跑到工坊，找到攀枝花乡民族刺绣农民专业合作社合伙人李灵芝，沟通协调生产进度。

"灵芝，现在一天能做多少片？"王然玄问。

"一天就二十片左右。"

"二十片左右是个问题。按订单本来月底才交货，但现在客户打电话说要提前到24号交货。你要跟阿嫂们说一下，辛苦大家加加班，务必按时交货。"

李灵芝是土生土长的当地彝族姑娘，现在的身份是刺绣工坊合伙人。当初为了劝说李灵芝回乡创业，王然玄费了不少心思。

早在2020年年底，王然玄就把刺绣工坊建成了。但当时大家都没有经验，几个糙汉子都没做过这些东西，不是特别了解彝绣。王然玄到处物色专业能手，反复考虑该怎么把工坊的作用有效地发挥起来。找来找去，他找到了当地知名的刺绣达人李灵芝。

当时李灵芝还在外地，有自己独立的刺绣作坊。王然玄亲自登门，劝说她回家乡发展刺绣产业。经过洽谈，双方很快就达成了合作协议，由李灵芝管理绣坊。一开始生产规模尚小，就是一两片一两片地做。随着业务的扩展，现在已经是一批一批地做。回顾这段历程，李灵芝深有感触地说："很幸运能够遇见王然玄，是他帮助我把彝绣产业做大做强，走向全国，飞向世界。"

王然玄在给人们介绍旅游特色

王然玄则把这些工作都当作自己的本职责任。他说："我要继续保持勤奋工作的热情和态度，切切实实地为老百姓做一些事情。我希望通过我们的努力，乘着乡村振兴的浪潮，把世界文化遗产红河哈尼梯田以更好的风貌和状态展现到世人眼前，成为当地群众的一个增收致富点。"

行走在世界遗产哈尼梯田中，王然玄收获着奋斗的喜悦，也为当地的未来发展许下了一个更宏伟的愿望。

## 人物档案

扫码观看纪录片

姓　　名：文竹

出生年份：1989 年

职　　业：北极镇党委书记

工作地点：黑龙江省漠河市北极镇

荣　　誉：2019 年被中共中央宣传部、人力资源社会保障部评为"最
　　　　　美基层高校毕业生"，2020 年 4 月被授予"黑龙江省青年五
　　　　　四奖章"，2021 年 6 月被中共中央授予"全国优秀党务工作
　　　　　者"称号，2021 年 10 月被评为"全国向上向善好青年（爱
　　　　　岗敬业）"，2021 年被共青团中央、农业农村部授予"全
　　　　　国乡村振兴青年先锋"称号。

*"把青春献给家乡，用信仰守卫边疆。"*

# 冰雪之地的"文闺女"

漠河，中国的最北端。绝美的冰雪世界，吸引着来自全国各地的游客前来体验；零下40摄氏度的气温，也考验着在这里生活和奋斗的人们。就是这个特别的地方，有一个倔强的姑娘奔走在茫茫的雪原上，她就是文竹。

## ✦ 严寒和困难中打造的乐园

黑龙江省大兴安岭地区漠河市北极镇，一个声势浩大的冰雪工程正在昼夜施工。正在修建的这段雪墙，叫"中国漠河地标墙"，是北极镇一年一度的重头旅游项目——冰雪乐园的标志雪雕之一。受疫情影响，前两年当地的支柱产业旅游业受到了严重冲击，如今重振旅游业势在必行。此番冰雪乐园的重新打造，关系着这里每一户村民的切实收益。

"这大雪块子没法用啊，太硬了。这个不行，马上给它推掉，推完了重新整……"这个正眉头紧锁的东北姑娘就是文竹，她是北极镇的党委书记。在文竹看来，这个雪墙没有达到设计规划要求，即便已耗雪3000立方米、耗时近一周，也必须要推倒重来。现场的工人给出了解释，但文竹坚持要用高标准做出雪雕精品。

工期只有不到一周时间了，施工用雪的质量却频频出现问题，这让总指挥文竹非常焦急。这是文竹升任北极镇党委书记的第一年，也是做冰雪乐园项目总指挥的第一年，重振旅游业的重担落在了她的肩上。文竹加速推进将冷资源变成热经济的项目，想靠"冰雪乐园"带动村民收入。她在夏天就为这里新添置了一台造雪机，开始了筹备工作，不承想临近开园，问题却接二连三地出现了。

"这个鼻子也不对称，那边高这边低。鳞跟以前也不一样……""这两侧不一样高。你看那边那个眼睛特别漂亮，然后这个眼珠可能稍微被挡了点。还有，眉须那块能不能稍微处理一下……"文竹指着不远处的龙形雪雕和工人说道，她对于雪雕的造型一丝不苟，十分详细地与现场工人进行着沟通。双龙雕塑是新广场的亮点，用雪量2.2万立方米，它的建成将会使这里成为吸引游客的重要风景线。然而没想到的是，多年负责雕刻的师傅因疫情隔离，无法赶到施工现场，只能把徒弟派来作业，造成工期难以正常完工。

新老广场各有一台造雪机，每台机器每小时可产出约80立方米的雪，光造雪也需要两天的时间。雪堆出墙体后还要进行雕塑，也需要两到三天时间，时间是否够用，文竹心里实在没底。造雪的临界温度在零下20摄氏度，所以工人们一般在每天20点后到次日6点的寒冷夜晚造雪。现在重新造雪赶工期，他们只能不休息地继续熬夜加班。

不巧的是，这两天气温过低，导致造雪机的喷雪口被冻上了。

时间紧迫，为解决这个问题，文竹赶紧协调工人轮流上阵，每隔两小时用开水冲刷解冻喷雪口。她看着在夜色和严寒里忙碌着的工人，关切地交代着："咱们一定要把安全放在首位，注意它淌水漏电。天也挺冷，大家倒倒班，进篷里来暖和暖和，千万别冻伤了……"

直到晚上11点多，文竹才拖着疲惫的身体回到了宿舍。"这一天真累啊。"从清早忙到现在的文竹打了一个哈欠，而这样的作息，对于常年忙碌的她来说，似乎已经成为一种常态。

次日清晨，造雪现场又出现了新情况。人工造雪，先要在江面上打个冰眼，由造雪机从冰眼抽出江水，再把水变为雪喷出堆积。昨晚大家轮流盯着造雪机，好不容易坚持到了天亮，没想到冰眼又结冰冻住了，造雪机抽不上水。情急之下，文竹和工人们一起用冰锥凿开冰眼。刺骨的北风刮过，文竹的脸被冻得通红，可她顾不上那些，一锥一锥地用力凿着冰面。"我们党委要以身作则，要让这

文竹和工人一起用冰锥凿开冰眼

帮工人师傅感受到，我们时刻与他们站在一起。"

2021年12月21日，由文竹做总指挥的冰雪乐园项目得以如期开园。开园仪式上，看着那精致有神的龙形冰雕，看着在雪地里嬉戏玩耍的小朋友们，文竹欣慰地笑了。

### ✦ 讲原则也讲情理的书记

清早的北极镇，最低温度达到了零下30摄氏度。凛冽的寒风中，文竹和边防员来到黑龙江江面上，开始了联合巡逻执勤。他们既要做好边境管控工作，杜绝出现有人误越国界的情况，也要保障捕鱼等方面的生产安全。冬季的黑龙江中盛产冷水鱼，有人会违规在江面凿个冰窟窿用丝网捕鱼。这样的冰窟窿再次结冰后冰面很薄，人踩在上面会有掉进江里的危险。

这一处结冰的冰窟窿，被眼尖的文竹发现了。对于这种违规捕鱼的行为，文竹从来都十分重视。"你们一定要服从派出所的管理，今天回去之后我得找孟师傅谈。"文竹神情严肃地和在场的工作人员说道。

这一片江面的区域，日常管护由一名叫孟庆江的护边员负责。而护边员的日常管理，由文竹负责。由于孟庆江工作上的疏忽，文竹决定按此前制订的规定，罚他一个月的工资。

"罚我一个月工资？"孟庆江再次确认道。

"要我说，这一个月工资都是轻的。"文竹回答。

在文竹看来，安全生产重于泰山，安全也是平日里文竹向护边员们强调最多的两个字。文竹决定按规定扣除孟庆江一个月工资作为惩罚，也是给本地的其他护边员敲个警钟，担负起这份工作职责。而这样的处罚，让身兼数职的孟庆江很不服气，他认为有些小题大做了，与文竹发生了争执。

文竹将孟庆江叫到了自己的办公室，她能理解孟庆江有些委屈，所以想着给他做一下疏导工作。文竹缓缓地说道："冰眼不会是一天打出来的，再说了孟哥，如果当时冰脆有人掉下去呢，后果不堪设想。"此时文竹说话的语调，已经完全没有了刚才的凌厉。

"那倒是。"在文竹的劝说下，孟庆江的情绪也逐渐平和了下来，"我和你说实话，整这个雪雕的时候，那一段时间没咋去。你说我早上7点多就得上广场干活，中午吃一口饭，一直再干到晚上五六点钟，你算算我哪有时间……"孟庆江也解释着自己的难处。

文竹对孟庆江说："这一年你不少辛苦，我心里也懂。今年12月末1月初，肯定是要奖励你的，这不用担心。但是咱们奖惩分明，也是为了大家今后的安全。""行，我也吸取教训了。"孟庆江说道。面对年长自己好多的基层群众，文竹从来都是既讲原则，又讲情理。这样的行事作风，化解了平时大大小小的矛盾，也赢得了北极镇乡亲们的信任。

其实和孟庆江一样，文竹的身上也同时肩负着多项工作，对她来说，哪一项工作都不能疏忽。结束了巡防工作，文竹又匆匆赶到了北极镇的"流动党员驿站"，这里也有一项长期工程，等待着她推进落实。

这个木制的流动党员驿站，占地200平方米，所有来到这里的党员，都可以感受到北极红色文化，丰富党建知识。在2017年刚建成时，它只有8平方米，经过四次扩建才有了如今的规模。文竹从驿站建成开始一直担任站长，驿站从有到优的升级扩建，都是由她主抓的。

流动党员驿站至今已经开设微党课300余次，在这里登记、留言的党员达到了15000多名，北极镇的流动党员驿站已经成为一个响当当的边疆党建品牌，也是当地著名的"网红打卡地"。

"身在最北方，心向党中央。"这是流动党员驿站的墙面上写着的一句标语，也是文竹和北极镇全体党员群众的心声。在文竹的带动下，这堂生动的党课在冰雪大地上持续进行着，这股红色的热量在北极镇晶莹的世界里传递着。

## ✦ 让母亲放心不下的孩子

因为先前的冰雪乐园项目赶进度，文竹已经一个多月没回家了。趁着到漠河市里开会的机会，她在会后抽空回了趟家。

"姑娘回来啦。"母亲早已在门口等候着，文竹刚上楼，母亲就欣喜地开门迎接。"回来啦！"文竹赶忙进门，回到家的感觉总是令人放松的。平时工作风风火火的文竹，在家里和妈妈的话却不多。

卸下一身疲惫的文竹，坐在客厅的沙发上，母亲也坐在一边，满眼又想念又心疼地看着自己很久才能见上一面的女儿。

"30多了你说，别人家孩子结婚，我都急得够呛。"母亲说道。哪怕是平日里身担重任的镇党委书记，回到家里也还是那个让父母操心的孩子。文竹听着母亲的唠叨，还是和往常一样的话题。"一说就不愿意听，不能提这事。"见女儿有些不耐烦，母亲自己嘟囔着。

"急有啥用，净瞎着急，随便找一个人你放心啊。""不是叫你随便，那也不能心气太高……"就像每一对母女一样，文竹和母亲你一句我一句地拌着嘴，言语之间没有剑拔弩张的气氛，而是充满了亲人间的宠溺与依赖。

"一会儿我就回去了。"由于晚些时候回到镇上还有工作，匆匆回到家中的文竹没有时间多待一会儿。尽管心中十分不舍，文竹也丝毫不会表现出来，她知道那样只会让想念自己的母亲更失落。

"不在家吃饭啊？吃完饭明天回去也行啊……"母亲多想让女儿能在家吃顿晚饭、住上一晚，可她知道女儿工作忙碌，只能无奈地看着文竹匆匆离开的背影。母亲目送着女儿下楼远去，不知道她下次回家还要再等多长时间。

文竹在外工作的这几年，对家里从来都是报喜不报忧，因为她不想让家人为自己担心。而平日里遇到烦恼和困难，她都习惯了自己去排解、由自己来解决，这也是这个坚强的东北姑娘成长的印记。

## ✦ 让乡亲感到安心的闺女

"姨，有没有想我？"

"太想你了！"

文竹在家待了仅两个小时，就匆匆赶回了镇里。北极镇共有洛古河村、北红村、北极村三个村子，每个村子都间隔近百公里。身为镇党委书记的文竹，经常往返于几个村子之间，深入基层调研了解民生民意。文竹此时来到的是洛古河村村民许丽娟的家，这里也是文竹的"家"，是她曾经住过的地方。

文竹22岁前一直生活在漠河市里，大学毕业后，她放弃了去南方一家知名企业工作的机会，回到家乡做起了大学生村官，基层工作的第一站就是洛古河村。刚刚毕业来到一个完全陌生的地方，文竹就在许丽娟家住过一阵子，当时许丽娟一家人在生活上给了文竹很大帮助。

"什么时候我都忘不了你们。"文竹将这份恩情铭记于心。

"到洛古河咱这不有家吗！"许丽娟一家早已把文竹当作自己的家人。

村民也深知，这个姑娘几年来没少为村里做贡献。为拉动村里的经济，文竹当时在洛古河村设法成立游艇公司，为了筹措资金，她每天都去几个致富大户家里做工作，后来公司成立起来，村集体收入有了明显的增长；北极村的村民孙淑荣，家里一直都不富裕，孙大娘近年来身体状况不是很好，文竹给孙淑荣的老伴介绍零活，直到现在也关注着老两口的生活；村民于乐水家种的大葱在镇上滞销，一筹莫展时文竹帮助他们把大葱拉到县里的市场，卖了不少钱。

回想文竹毕业后刚到镇上工作时，村中的干部群众对这个小姑娘并没有抱太大希望，不知道她能坚持多久。但是文竹从村党支部书记助理做起，一干就是 8 年。洛古河村支部委员会委员任宝学说："一开始大伙都寻思，这小姑娘来能干啥。瘦瘦小小的小姑娘，城里人穿的也干干净净的，可能吃不了苦，在这也待不了几年。结果后来时间长了，大伙一看，小姑娘真挺能干！"

常年奔波在冰天雪地中的文竹

8 年时间，一路走来，文竹帮助村民解决实际困难，有时和村民吃住在一起，与这里的乡亲们建立了深厚的感情。文竹用实际行动打消了乡亲们的质疑，让他们安心，更是凭着认真的态度和热忱的心，成为村里人的"文闺女"。

"最开始叫我闺女，后来我当镇长当书记之后，见我就挺害羞的，就喊'镇长来了''书记来了'，我说啥镇长书记的，我还是你们闺女。"文竹笑着说。文竹和乡亲们如同亲人一般的真挚感情，让这个冰天雪地的中国"北极"多了一份珍贵的暖意。她致力带领整个北极镇，打造成为乡村振兴标杆乡镇，这是她奋斗的目标。

文竹扎根在祖国的最北小镇，练就了基层工作的"十八般武艺"。她把最美好的青春奉献给了家乡，用最坚定的信仰守护着边疆。最北、最冷、最忠诚，最偏、最远、最放心，这是北极人民心向党的精气神，也是文竹红色青春的真实写照。

## 人物档案

姓　　名：徐志新

出生年份：1969 年

职　　业：燕窝湾村第一书记

工作地点：湖北省黄冈市罗田县骆驼坳镇燕窝湾村

荣　　誉：湖北省第十三、十四届人民代表大会代表。2022 年被评选
　　　　　为"2021—2022 年度湖北省十佳农民"，2023 年获得
　　　　　"2022 年度助残新闻人物"称号。

*"如果货走得不够快，就会严重影响效率，影响节奏。*
*直播带货的好坏，无非是销货快慢的问题。"* ✿

# 为"三农"代言，让农产品走出大别山

律师回村当书记，他把曾经的贫困村建设成了青山绿水的美丽家园。一代人有一代人的担当，他让优质农产品走出了大山。一根网线，一个直播间，他带领乡亲们创新创业、致富增收。

## ✦ 直播带货助农人

2021年12月，一个普通的日子，晚上9点外面已经漆黑一片，而湖北省黄冈市罗田县骆驼坳镇的一间直播室里却仍然灯火通明，这里正在进行一场助农直播。只听见一个男中音叫卖促销声频频传出，通过一根网线传播到成千上万观众的手机上。

"武穴佛手山药！武穴佛手山药！总共加起来多少单？报数没有？抓紧时间报数，报数！847单，好！好！我们争取1个小时完成1000单，还有最后7分钟。大家点点赞，我们进度加快。武穴佛手山药，国家地理标志产品……"

正在直播带货的这个中年男子名叫徐志新，是骆驼坳镇燕窝湾村的第一书记。他一边拿起武穴佛手山药向大家展示，一边提醒粉丝下单购买，旁边的助手们也紧张配合，忙得不可开交。直播间里的9万粉丝，平均每小时超过1000单的成交量，是这个直播新手仅11次实战、总计22个小时直播时长所创造的成绩。

为了让粉丝们真切感受到农产品的货真价实，徐志新经常把农民请进直播间，与主播互动，一起卖货，这是徐志新直播带货的一大特色。今天晚上，他邀请以种植武穴佛手山药为主业的农民柯耀明来到直播间。徐志新招呼柯耀明到自己跟前就位，对他说："你就讲武穴话，我帮你翻译。"

徐志新在直播间帮助村民卖农产品

带着农民特有的朴实和羞赧，柯耀明向粉丝们招手说："喜欢武穴的朋友们，大家好。我叫柯耀明，今天也来直播间看一看……"

徐志新的直播间只卖农产品，并且不收取农民一分钱佣金。其合作对象也只有农民，为的就是帮乡亲们解决农产品的销售难题。

他只用一根网线，就把山村里的小农户和城里的大市场连接起来。今天的直播让平时很少玩手机的柯耀明见识了"互联网+农业"的巨大魅力。他感叹地说："直播真好，让我们的山药也走上了高速公路。"

不到两个月，徐志新已成为远近闻名的网红主播。而在大别山深处，还有两万多户农民想通过他的电商平台把农产品卖出去。

### ✦ 心系家乡回创业

直到凌晨3点多钟，徐志新才结束一天的直播和复盘工作，躺下休息。早上不到7点，他就又起床匆匆赶往罗田县燕窝湾村。

燕窝湾村地处大别山南麓，这里是徐志新的故乡。20年前，他辞去罗田县司法局的工作走出大山，到深圳做律师。

但是，即使离家在外，徐志新也一直牵挂着家乡，且离家愈久，他对家乡的怀念之情就愈炽烈。广阔的白莲河水库，海拔1700多米的大别山主峰天堂寨，是他童年最美好的记忆，时刻在提醒着他：家乡才是你真正的归宿。在深圳打拼七八年后，2011年，为响应国家"一派两聘"的号召，徐志新回到家乡，开始担任燕窝湾村的第一书记，并且成立了一家生态观光农业公司，发展三农产业。他说："我要试一试，带领父老乡亲脱贫致富奔小康。"

燕窝湾村村委会广场上，村民们已经集合到位。徐志新到来后，主持人对大家喊道："请安静一下，现在开会。"徐志新走到人们面前，他今天要给村民们讲解一下《选举法》和《村民委员会组

徐志新给村民讲解法律知识

织法》。

熟悉徐志新的人都会发现，不管在什么场合，不管一天连续赶多少场活动，他总是一身干净笔挺的西装，系着领带，这是他从事律师职业多年养成的穿衣习惯。

徐志新解释说："我做了30年律师，习惯穿西装。我一穿上西装，就觉得自己进入工作状态了，工作起来就会很严谨，注意力也更集中。"

燕窝湾村还有一个星期就要换届选举党支部书记了。在投票之前，徐志新要给乡亲们讲解一下相关的法律常识。2013年，徐志新探索创新基层党建工作，让公司与燕窝湾村成立了村企联合党支部，以群众利益作为立足点，改进工作作风，改善党群关系。党支部为村民每两周举办一次普法活动，由徐志新主讲，无论多忙，他都要抽出时间，讲解与村民们切身利益相关的法律法规。

"我们这次选举，是把民主权利交给你。大家一定要珍惜这一票……"徐志新洪亮的声音在村委会广场上回荡着，似乎全村都能听得很清楚。

这一天，在党建活动结束后，徐志新来到燕窝湾村老书记家。

"老书记，在家吗？我来看望您。"还没走进大门，徐志新就大声问候着。

"进来呀，进来呀！"老书记在院子里招呼着。

徐志新在创业道路上得到过很多人的帮助，其中最让他感激的就是这位已经94岁高龄的老书记，此时正坐在院子里的椅子上晒太阳。徐志新坐在老书记旁边，亲切地嘘寒问暖："今天喝酒了吗？最近饭量怎么样？"

"没喝。饭量还可以，早上一碗粥，中午半碗饭，晚上一碗面。"老书记耳不聋眼不花，爽朗地说着。

"可以啊，老书记。看到我直播了吗？直播带货，就是把老百姓种的东西在手机上卖出去……"徐志新给老书记演示着直播带货的过程，老书记听得津津有味。

徐志新经常和人谈起他和老书记的感情："我们就是同志加父子的关系。我刚回来的时候，大家都没有信心，但老支书就认为我们想干、敢干，一定能干出事来。"

曾经的燕窝湾村是国家级贫困村，"两山夹一沟，十种九难收"，基础设施很差。村民们的经济来源基本依靠传统农业，一年的人均收入不足1000元，年轻人大多外出务工。谈到回乡创业的初衷，徐志新回忆说："我回来创业，就是想创新、探索一个产业联合发展的机制，即公司加集体加农户的村企联建的模式，目的是为了强村、带户、富农，先富帮后富。"

徐志新把着力点聚焦于产业扶贫，把农民带入市场，把贫困户纳入市场体系之中，有效地理顺了"扶个体"与"扶主体"的关系，很好地解决了利益联结机制的问题。"要让老百姓觉得发展是自己的事情，有自己的利益，这样才能提高他们的积极性。"徐志新说。

经过科学规划，徐志新把燕窝湾村打造成了一个远近闻名的旅游景区，形成旅游观光、餐饮住宿、娱乐休闲一条龙，从业人员都是当地村民。村子美了，老百姓的生活富了，在外面打工的年轻人也像春天的燕子般回来了，从此不再背井离乡，可以就近工作，同时方便照顾老人和小孩。

经过十多年的发展，燕窝湾村发生了翻天覆地的变化，村民的年人均收入已经超过 16000 元，是十年前的 16 倍。徐志新实现了自己的承诺，让农民的腰包鼓了起来，从此摘掉了"穷帽子"。

## ✦ 精细选品解难题

在发展的过程中，徐志新不断遇到新难题，其中一个就是农产品进城难的问题。他深知，农产品不进城，就不能为农民增加更多的收入。

2020 年，受到网络电商蓬勃发展的启发，徐志新与时俱进，紧跟互联网发展的步伐，开始尝试用直播带货的方式帮助家乡的农产品走出大山。一开始，徐志新尝试过请一些优秀的网络主播走进大别山进行助农直播，但效果不是很理想，而且不能实现常态化。后来，他就自己尝试做主播，反而效果出奇的好。

罗田县地处大别山深处，生态环境良好，特有的环境和气候孕育了很多优质的农产品，而选哪些农产品进入直播间，是徐志新在每次直播前首先要解决的问题。

这一天，徐志新决定做一期罗田特产天麻的带货直播。九资河镇是罗田天麻的主产区，此时正是收获季节，家家户户都在忙着挖天麻。徐志新亲自到九资河镇的农田里精选产品，和农民们拉着家常。

"老大姐，您多大年纪了？"徐志新来到一位老农妇身边，亲切地问候道。

"我有70岁了。"老农妇头也不抬，手脚麻利地在地里挖天麻。

"您这天麻是自己种的吗？产量好高呀！"

天麻是一种中药材，具有很好的经济效益。规模种植的话，每亩地的纯收入能达到四五万元。因此在九资河镇，总共11190户农民，种植天麻的就超过9000户。天麻成为这里老百姓的重要收入来源。

徐志新亲自去种植户家选农产品

但是，再好的农产品也要受到产量周期和经济规律的制约。往年，九资河镇村民的天麻都要卖给镇上的药厂，如果天麻产量低了，虽说价格有所走高，但很多药厂都不来收购了；但如果产量太高，价格就会走低，而这些药厂又消化不了所有的产量，只能收购一部分，剩下大部分仍积压在农民手中，成为滞销货。在传统的农业产销模式下，农产品无论价格高低，都无法给农民带来可观的收益。

今年，全镇大概收获了3000万斤天麻，超出了镇上多家药厂的加工能力。很多种植户挖出天麻后卖不掉，急得像热锅上的蚂蚁一样团团转。徐志新急种植户之所急，一直琢磨着如何帮助农民避免经济规律的陷阱。作为一种药食同源的食材，新鲜天麻可以用来做菜、煲汤，味道鲜美，且富有营养价值。当地农民就经常用新鲜天麻做饭菜，但消费者在市场上买到的几乎全是天麻的干品，很少看到天麻的鲜果。如果能把新鲜天麻的市场开发出来，就会大大解决天麻滞销的困难。

然而，新鲜天麻容易磨损，不易保鲜，在运输过程中损耗极大。九资河镇海拔高，山路崎岖难走，鲜果下山途中一旦摩擦就会发生破损，继而腐烂，损耗将超过30%，特别是电商销售，对天麻的品相要求更高。

徐志新决定承担这些风险，为农户们试一次。他和一位种植户协商："我们先拿200斤，明天上直播间。要好一点的，你帮我挑选，装到袋子里。"

从九资河镇离开，徐志新又赶到50公里外的大河岸镇，他要到潘钊的养鸡场和他协商把土鸡带进直播间。潘钊今年30多岁，早年也在深圳打工。因为看中了家乡的绿水青山，他在6年前回乡创业，办起了这个养鸡场。这个养鸡场的鸡都是散养在树林里的，是真正的土鸡。

潘钊带着徐志新到养鸡场里参观。这些土鸡成群结队地在树林里散步、吃食，不时发出咕咕的叫声和扇动翅膀的扑棱声。

"这些土鸡平时都吃什么呀?"徐志新问。

"吃稻谷和新鲜水果，像桃子、梨子、西瓜、南瓜，还有红薯，都是周边农户们种的。"潘钊介绍说。

"你收购过来的?"

"是的，这样既给农户们增加点收入，我们养鸡也实惠一些，比较便宜。"

潘钊的鸡就在树林里散养着，吃的是优质的稻谷和新鲜果蔬，成本比一般养鸡场高了一倍。这种模式是潘钊在创业之前就想好的，他要主打中高端品牌的土鸡产品。

"怎么能看出是不是土鸡呢?"徐志新好奇地问。

潘钊就近抓来一只鸡，向徐志新展示:"土鸡杀好炖汤，不需要加任何调料就是很香的，鸡肉也很有嚼劲。怎么判断是土鸡呢?你看，散养土鸡都是在外面刨食，脚要不停地挖泥土，时间长了就会长老茧，就像农民的手一样。还有就是土鸡的趾甲都比较短，因为有磨损。如果在笼子里养，它就不会自己刨地，趾甲就长，最起码有 1 寸长，

徐志新到养殖户家选土鸡

也不会长老茧。还有喙部不像笼养鸡那么尖，因为刨地也有磨损。是不是土鸡，做不了假的。"

从开始养鸡到现在渐成规模，潘钊始终明确自己产品的市场定位。但如何让消费者知道自己的理念并接受价格，是潘钊一直困扰的事情。于是他请徐志新过来出谋划策，希望能借助徐志新的直播间找到更匹配的消费者。

"最大的困难是，我们得考虑怎么保鲜效果好，因为快递在路上还得两三天。我们回去研究一下，把这个问题解决了，就能把土鸡卖出去。"徐志新与潘钊达成了合作的初步意向。

卖土鸡，宰杀后的保鲜是个难题。如果做不到全程冷链，很容易在物流环节出现产品变质问题，影响产品信誉。但即便有风险，徐志新仍然决定帮助潘钊卖土鸡。他说："我非常注重给年轻人机会，因为年轻人敢拼，有梦想，创新精神强，创业的激情高。"

### ✦ 开动脑筋搞振兴

经过一天的奔波，当徐志新回到燕窝湾村的时候，已经是晚上10点了。公司的员工正在忙碌地给佛手山药打包，等待快递公司上门取货。和天麻、土鸡一样，徐志新销售的农产品都有一个共同的难题，就是运输。打包山药尤其有难度，因为山药的样子都是奇形怪状的，每个都不一样，包装不好的话就会断成碎块。

和大部分主播销售农产品由农民自己打包发货不同，徐志新要求所有在自己直播间卖出的农产品，都由公司统一打包发货。除了可以避免农民的投入，还能做好品控，这也是对在直播间购买农产品的消费者负责。如果让种植户自行打包，他们不了解这些规格、品控的要求，就会造成损失。因此，徐志新招聘了专门的打包人员，并制定了打包一件佛手山药的标准化操作程序。

徐志新来到备货小组办公室，了解明天直播的备货情况。

"麻城这三家的货都回来了。罗田的货，明天晚上直播，后天上午他们把货送到就可以了，因为现在我们的仓库有压力……"备货组负责人说。

"我今天买了200斤新鲜天麻，去现场买的。农民刚挖出来，堆在地里面，卖不动，希望我们帮忙走快一点。新鲜天麻都可以吃，可以做成菜、煲成汤。还有土鸡……"即便明天助农直播专场销售的农产品已经堆满仓库，徐志新还是把今天挑选的天麻和土鸡加入了直播名单。他经常说："能够为三农代言，多为农产品带一带货，这是我最期待的事情。"

经过了一夜的准备，徐志新把天麻和土鸡的包装做了重点安排。距离上午9点正式开播还有3个小时，他和工作人员做最后的信号测试。

"5，4，3，2，1，开播！"

"大家好，我是罗田县燕窝湾村第一书记徐志新，我身边的这位是湖北省黄冈市罗田县人民政府县长周黎同志。今天是我们大别山地标优品的助农专场……"

　　这一次助农直播，徐志新邀请罗田县县长周黎作为嘉宾，一起为农民们带货，让网友们产生新鲜感，既带来流量，也带来销量。这是徐志新直播的又一次创新。

　　"今天给大家带来的有罗田的板栗，有九资河的天麻。大家看，这么大个儿的天麻……昨天我到地里，看到一位70岁的老大妈也在那里挖天麻，很朴实。34号链接这种天麻，34号！还有55单……38单……35单……对，31单……新鲜的天麻……"随着直播的进行，徐志新逐渐进入了兴奋的状态。

　　徐志新邀请地方主官和农民与主播互动，让网友产生更强烈的参与感，给直播间带来了人气的快速提升。第一次销售新鲜天麻，不到10分钟，200斤全部售罄，给了徐志新极大的鼓舞。这意味着接下来会有更多九资河镇的新鲜天麻可以通过直播的方式卖出去。

　　接下来，工作人员抱着两只鸡走进直播间，徐志新通过对比脚指甲，向观众介绍说："这只鸡不是土鸡，它是在笼子里等着喂、等着养；这只鸡是土鸡，要自己去刨食，刨着刨着，趾甲就没那么长了。来，上土鸡，发货净重不低于900克，5，4，3，2，1，上链接……"

　　潘钊的散养土鸡得到了网友的认可，即便168元一只的价格，一小时的下单量依然达到132只。

　　"传统手工，棍打糍粑，自然晾晒……"

　　"金丝皇菊，产自一片红色的热土……"

　　"湖北麻城的土鸡蛋……"

　　5个小时的直播带货，徐志新一共销售农产品近10个品类共计8000多单，销售额达到30万元。

　　除了直播，徐志新还在尝试更多的可能，他把目光望向直播之外的创业空间。他经常说："绿水青山是我们家乡最好的资源，尤其是森林覆盖率高，又有温泉，是休闲农业、乡村旅游和康养服务的好地方。"

　　作为燕窝湾村的领头雁，徐志新带领当地农民打破了地域限制，让特色农产品搭上电商快车，并且依托优质生态环境，发展乡村旅游，将这里建设成为生态宜居的美丽家园。未来，在乡村振兴的道路上，徐志新将继续创新着……

## 人物档案

扫码观看纪录片

姓　　名：张强

出生年份：1987年

职　　业：李自沽村党支部书记、村委会主任

工作地点：天津市滨海新区杨家泊镇李自沽村

荣　　誉：2021年12月，被共青团中央、农业农村部授予"全国乡村
　　　　　振兴青年先锋"称号。

"我们要把新时代的'渔光曲'唱响、唱红，让老百姓
过上富裕、幸福的生活。"

# 一肩挑起乡村"渔光一体"养殖新模式

　　他早年留学澳大利亚，学成回国后担任了李自沽村的党支部书记。他主动招商引资，积极发展集体经济，引进新能源公司来村里投资"渔光一体"项目，利用村里丰富的水资源和肥沃的土地资源，打响村里特色品牌农业发展，为村民增加收入，振兴乡村。

## ✦ 一肩挑起心中梦想

　　李自沽村位于天津市东北端，隶属滨海新区杨家泊镇，紧邻唐山市，濒临渤海。长期以来，这里的村民都以水产养殖为主。2021年入冬后的第一场雪比往年来得都要早、都要大，这给李自沽村的养殖户带来了不小的损失。

　　作为天津市滨海新区李自沽村党支部书记、村委会主任，张强十分担心养殖户的损失，决定过来看看。这一天，他来到永哥的养殖场。

　　"永哥，忙活着呢？拾掇拾掇鱼啊？这次损失不小吧。"张强打招呼道。

　　"你看这不都死了吗！"永哥从一只桶里拿出几条死鱼给张强看，"这里20多万条鱼，马上就可以变现了……"张强安慰了永哥

353

后继续去其他养殖场查看情况。养殖场的情况都不太乐观，厂房的顶棚被积雪压垮了一大片，均出现了不同程度的倾斜，厂房大面积坍塌。就拿一号厂房来说，这里可以养殖11到12万条鱼，纯利润每年可达五六百万元，确实损失惨重。就目前的情形看，厂房修好以后，也得等到明年4月份才能生产。

面对村民的损失，张强非常心痛。他一面组织人员抢修厂房，一面针对重建过程中出现的问题，不停地叮咛着，嘱咐人们虽然损失很严重，但也要避免白色泡沫对环境造成污染。他指着眼前满地的白色泡沫对大家说："一定要把这些白色泡沫都归拢好了，底下碎的用袋子装起来，不要一刮风刮得哪都是，咱们可不能造成环境污染。"

自从2018年当上李自沽村党支部书记和村委会主任，"绿色发展"一直是张强坚持的方向，而之所以有这样的理念，和他的一段经历息息相关。

2008年，因为学习优秀，正在大连大学读书的张强被交换到澳大利亚格里菲斯大学，就读金融专业。这所学校位于黄金海岸，周围有很多风景如画的农村，当地人的收入也非常高。看到国外优美、富裕的乡村环境，一个小小的梦想在他的心中萌芽：如果我的老家，生我养我的地方，要像这样该多好。

当时的李自沽村虽然地处天津市，但由于位于郊区，村庄环境还比较落后，村民收入也不算高。面对家乡落后的环境，张强发奋学习，他希望能进一步深造，掌握更多的本领，更好地建设家乡。

然而天有不测风云，一场变故悄然降临。2011年，正担任李自沽村党支部书记、村委会主任的父亲张效春突发脑出血，不幸去世。母亲整日沉浸在悲痛中，无心打理父亲留下的养殖场。不得已，张强只好放弃继续深造的想法，回到家乡，回到母亲的身边。他认为不论在哪里，只要努力，都可以打造出一片自己的天地。回到李自沽村后，张强一方面照顾家庭，另一方面艰难摸索，经过不懈努力，终于攻克了技术难关，掌握了养殖技术，把父亲留下的工厂经营得红红火火。

一人富不算富，大家一起富才是富。张强看到家乡落后的环境，想到现实与美好的愿景差距巨大时，他的心里很不是滋味。他迫切希望参加村支书竞选，想要为家乡的父老乡亲做一些贡献，让李自沽村环境变优美、让村民生活富足。但是，母亲并不支持儿子的决定，因为她深知村支书的工作繁杂，很不好干。上面千条线，下面一根针，所以不愿意让他参选，怕他太辛苦、怕他出力不讨好。

面对母亲的担心，张强耐心地做沟通工作。他对母亲说："父亲就是倒在了村支书的岗位上，有很多未完成的工作，我想完成他的遗愿，带领全村百姓、党员和群众抓紧致富。"最终，这个想法改变了母亲的态度。

## ✦ 光伏发电项目的成功

乡村振兴，产业先行。张强当选村党支部书记、村委会主任后，始终把发展李自沽村作为自己的第一任务。在镇政府的引导下，结合李自沽村的区位优势和自然环境，通过考察和论证，他为村里引进了2000亩的光伏发电项目，为李自沽村注入了内生动力，也使村民受益颇多。2018年，村里集体收入超过了4000万元，按照股份制确权分红，村民每人分到了35000元。

村民杨朝玲手里拿到分红的钱时，欣喜地说："我家8口人，还真分了不少钱。有了这笔钱，孙子上学、儿子买车都没有问题。"村民们的脸上都乐开了花，腰包一下子鼓了起来。

李自沽村『渔光一体』鱼塘

这个占地约2000亩的光伏项目，一年可以生产8000多万度清洁能源电，节约标煤2万吨左右，减少二氧化碳排量大约10万吨，成为李自沽村的一大亮点，于国于民都有利，也实现了张强绿色发展、零碳排放的理念。

但是，光伏项目建设初期，村民们并不是完全支持。数百年来，潮起潮落，村民日出而作、日落而息，打鱼、种地，过着一成不变的生活。要想改变大家的养殖习惯，并不是一件容易的事。

张强告诉村民们，把土地流转给光伏企业后，还可以继续在鱼塘里养虾。"养了一辈子虾，没听说过这种养法。"当张强把"渔光一体"养殖向村民介绍时，遭到了大家的强烈反对。他理解村民们担心的问题，如果想要在水面上架设太阳能光伏板，就需要在水里打桩。村民们担心这些桩子会影响打捞速度，一旦有虾染病，传播速度很快，需要快速打捞出死虾，以免全军覆没。

面对村民的这一担心，张强认真分析研究，他发现了一个现象：有了这些太阳能板的遮挡，可以吸收很大一部分紫外线，使得水温和水质都稳定了许多，昼夜温差也没有那么大了，这样一来，就可以大大减少虾的发病率。张强为村民们细致讲解分析后，村民们的心才放了下来，光伏项目也得以顺利推进。

池下养虾、塘上发电，如今的二期光伏发电项目比一期更加先进，宽度、高度、深度都有所增加，2021年，这2000亩鱼塘产虾超过100万斤，总产值超过2500万元，成为李自沽村村民收入增加的主要形式之一。

张强在太阳能发电区域巡视

## ✦ 风力发电项目被村民阻止

2022年，我国制定了"双碳"目标的重大战略决策，也就是力争于2030年前二氧化碳排放达到峰值，努力争取2060年前实现碳中和。这一战略，更加坚定了张强想要依托绿色产业，实现致富的梦想。但是，张强在绿色发展的道路上并非一帆风顺。

为了李自沽村的发展，张强依托当地地处海边风大的自然资源优势，引进了新的项目——风力发电。此时正值冬季，正好是鱼塘养护阶段，他想趁着鱼塘休养期开始进行风电设备的安装工作。令他没有想到的是，施工现场又遭到了村民张磊的强烈阻挠。

"停——停——停——"，张磊一边气愤地阻止着工程施工，一边心疼地对张强说："你看他们干活儿，把土都掉到我的池塘里了，前几天我刚整修好的土坡也被你们破坏了，我明年怎么养虾？"

张强安慰道：“你放心，干完活肯定给你恢复好，保证不影响你养虾。”

张磊生气地说：“不行，你们什么也别说了，我已经连续两年没挣着钱了，万一你们没给我修好虾池，我可耽误不起。”

面对张磊的担心，张强见一时间也无法说服他，为了不激化他的情绪，风电设备的安装工作只能暂时停工。

这种事对于张强来说经常发生，都需要他协调解决。从工地回来，他马上又来到村里的办事大厅处理其他工作。对于“80后”的张强来说，这些琐碎的工作极大地考验着他的耐心。他回想起父亲当村支书时，也是这样的忙碌和操劳。当时，还是一个学生的张强对父亲的做法很不理解。他觉得父亲应该把精力放在自己家的企业上，而不是把全部精力都投入村里的事情上。成为村支书后，他才理解了父亲当时的心情。要想让村集体发展壮大，要想让村民收入提高，要想实现梦想，就要承受别人承受不了的煎熬。每当这时，张强总会想起小时候父亲给他讲《钢铁是怎样炼成的》中的保尔·柯察金的故事，他说：“作为男子汉，无论是在自己的家庭还是事业中，意志品质的修炼都是非常重要的。”

为了继续推进村里的绿色产业，为了李自沽村的绿色发展，针对张磊的情况，他与村委会成员李永江一起做调查、想办法，他发现张磊这两年养殖不挣钱主要是因为他的养殖方法和苗种有问题。

“我给你请一名技术员，再请专家给你挑点好的苗种，有了好的养殖方法，我相信你一定不愁挣不着钱，”张强信心满满地对张磊说，"你就不要再阻挠施工了，跟人家施工没关系。"想到这几年渔光养殖的成功经验，张磊也很信任张强，决定听取张强的养殖建议，他知道张强的良苦用心，也明白风力发电对李自沽村的重要意义。

### ✦ 李自沽村旧貌换新颜

对于张强来说，只是让村民富裕还不是他全部的梦想。依托绿色产业，把家乡建设成一个富强、整洁、文明的现代化新农村才是梦想的关键。如今的李自沽村环境好了，村民们的腰包鼓了，日子也越过越红火。经济发展和人居环境双向提高，村民的幸福指数也有了显著提升。

村里的卫生清扫志愿者说："我们要建造美好的家园，每天都要把村里打扫得干干净净，让每一个李自沽人看着都心里舒畅。"

外村人说："李自沽村的变化真大呀！街道干净、整洁，跟城市里差不多。"

村里的党员干部说："近三年，我们村在人居环境整治方面投入超过了1600万元，其中一半的钱用于地下管网的铺设，这样既能方便村民的生活，又更好地保护了环境。全村的污水通过管道最后汇集到村东一个污水处理站，你看，处理过的水颜色清澈，是可以达标排放的水。"

村委会干部说："为了让村民得了大病不用发愁，我们村还为每一个村民购买了农村医疗保险。今年刚刚缴完，每人320元，村民先缴，缴完之后我们村委会再给村民补发。"

村里的老人说："村里为我们每家每户修通了天然气，做饭、取暖都可以使用，还能防止煤气中毒。如今，黑烟囱不见了，我们的厨房也干净、整洁了起来。"

村里的孩子们说："以前我们打球经常把人家的玻璃给砸碎了，有车的时候还容易撞到我们，现在我们有了这个标准的篮球场，打球的人多了，生活更有趣了！"

"让生态美起来，让环境靓起来，再现山清水秀、天蓝地绿、村美人和的美丽画卷"，李自沽村始终坚持绿色发展的道路。村民们不但通过光伏发电项目得到了实实在在的利益，而且精神文明建设也取得了长足进步。2021年，李自沽村被天津市评选为建设乡村振兴示范村之一。

逐梦笃行。对于李自沽村的未来，张强说："李自沽村将以光伏产业作为中心点，打造零碳项目，通过一产光伏，二产养殖，三产旅游相结合的模式来打造乡村振兴的新产业园。"

在乡村振兴的道路上，张强带领着李自沽村人"要把新时代的'渔光曲'唱响、唱红，让老百姓过上富裕、幸福的生活"。

俯瞰太阳能发电场

## 图书在版编目（ＣＩＰ）数据

我和我的乡村/中央广播电视总台农业农村节目中心编著．－－太原：山西教育出版社，2023.10

ISBN 978-7-5703-3406-3

Ⅰ．①我… Ⅱ．①中… Ⅲ．①人物—先进事迹—中国—现代 Ⅳ．① K820.7

中国国家版本馆 CIP 数据核字 (2023) 第 121038 号

✦

# 我和我的乡村

wo he wo de xiangcun

**选题策划**
崔璨

**出版统筹**
邓吉忠

**责任编辑**
崔璨

**复审**
邓吉忠

**终审**
郭志强

**封面设计**
陈晓

**印装监制**
蔡洁

出版发行：山西出版传媒集团·山西教育出版社

（太原市水西门街慢头巷7号　电话：0351-4729801　邮编：030002）

印装：山西基因包装印刷科技股份有限公司

开本：890mm×1240mm　1/32

印张：11.5

字数：236千字

版次：2023年10月第1版　2023年10月第1次印刷

书号：ISBN 978-7-5703-3406-3

定价：58.00元

如发现印装质量问题，影响阅读，请与出版社联系调换。电话：0351-4729718。